从观光到度假

世界级旅游目的地庐山的转型升级

熊澄宇 —— 著

四川大学出版社
SICHUAN UNIVERSITY PRESS

图书在版编目（CIP）数据

从观光到度假：世界级旅游目的地庐山的转型升级 /
熊澄宇著. -- 成都：四川大学出版社，2025.4.
ISBN 978-7-5690-7737-7

Ⅰ．F592.756

中国国家版本馆 CIP 数据核字第 2025LT1975 号

书　　　名：从观光到度假：世界级旅游目的地庐山的转型升级
　　　　　　Cong Guanguang dao Dujia: Shijieji Lüyou Mudidi Lushan de Zhuanxing Shengji
著　　　者：熊澄宇

出 版 人：侯宏虹
总 策 划：张宏辉
选题策划：蒋　玙
责任编辑：唐　飞
责任校对：蒋　玙
装帧设计：墨创文化
责任印制：李金兰

出版发行：四川大学出版社有限责任公司
　　　　　地址：成都市一环路南一段 24 号（610065）
　　　　　电话：（028）85408311（发行部）、85400276（总编室）
　　　　　电子邮箱：scupress@vip.163.com
　　　　　网址：https://press.scu.edu.cn
印前制作：四川胜翔数码印务设计有限公司
印刷装订：四川省平轩印务有限公司

成品尺寸：170 mm×240 mm
印　　张：9.5
字　　数：127 千字

扫码获取数字资源

版　　次：2025 年 6 月 第 1 版
印　　次：2025 年 6 月 第 1 次印刷
定　　价：58.00 元

四川大学出版社
微信公众号

本社图书如有印装质量问题，请联系发行部调换

目录

第一章

山岳型观光景区庐山的
转型

位于江西省九江市境内的庐山以雄、奇、险、秀闻名于世，素有"匡庐奇秀甲天下"之誉。经过多年的发展，庐山在经济发展、景区建设、基础设施、社会事业等方面都取得了较大的成就，为进一步发展奠定了较好的基础。在新时期我国大力发展度假休闲旅游的新要求下，之前以山岳观光为主的旅游发展模式不再适应当下外部环境的发展变化，观念的老化和思维的固化逐渐让庐山变成安逸的山、封闭的山和守旧的山，逐步从鹤立鸡群到如今老态龙钟。基于时代背景和现实机遇，庐山应树立起建设世界知名的山水文化旅游名城和休闲度假胜地的目标，强化危机意识，积极推进转型升级。

第一节　山岳型观光景区庐山的转型背景与意义

中国已全面开启建设社会主义现代化国家的新征程，进入大众旅游时代。中国正在进入构建国际旅游目的地的重要发展阶段，一批国际旅游目的地和国际旅游城市正在塑造和形成中。为全面贯彻党的二十大精神，支撑世界旅游强国建设，深入实施《"十四五"旅游业发展规划》，认真落实江西省《关于加快文化强省建设的实施意见》，在新时代新征程中加快推进江西文化旅游高质量发展，江西庐山率先提出打造"世界级旅游目的地"的目标。庐山建设世界级旅游目的地，是积极应对世界形势新格局和国际旅游新变化、提升目的地知名度和竞争力、拓展国际旅游市场的重要抓手，也是新时代推动旅游业高质量发展、更好地满足人民群众对美好生活的需要、推进中国式文化和旅游现代化的重要支撑。

一、世界级旅游目的地的建设背景

庐山丰厚的自然资源、浓厚的人文底蕴使其具备了成为世界级旅游目的地的条件。世界级旅游目的地这一概念由旅游目的地发展而来，旅游目的地在 2000 年首次作为一个独立概念被明确提出，一般认为旅游目的地具有某种感知吸引力，集中了能够满足旅游者需要的设施和服务，可为消费者提供完整的旅游经历。旅游目的地由吸引物、进入设施、便利设施、有效产品组合、活动以及其他辅助服务设施六大要素构成。

世界级旅游目的地一般是指能够对地区经济社会做出突出贡献，具有国际知名的品牌形象、世界级的旅游吸引物、国内国际游客出入便利的海陆空交通体系，以一流旅游接待设施、一流公共服务和管理水平赢得游客高满意度的旅游地域。就目的地的等级（知名度）和影响而言，可将旅游目的地分为世界级旅游目的地、全国性旅游目的地和区域性（地方性）旅游目的地。人们通常把具有世界知名度与影响力和国际质量水准的旅游目的地，称为"世界级旅游目的地"。

世界级旅游目的地应拥有非常突出的旅游核心吸引物，并在旅游资源（景观）与环境、旅游文化与生活、旅游产品与活动、旅游形象与品牌、旅游功能与业态等方面形成完备的旅游吸引要素体系，且在某些方面具有世界知名度和突出影响力。参照国际上著名旅游目的地的建设与发展经验，结合国际国内旅游目的地建设与评价的相关研究成果，本规划采用"世界级旅游目的地评价指标体系"作为世界级旅游目的地规划建设标准参考进行规划编制。该指标体系借鉴了世界旅游组织、协会、论坛、联合会和国内科研高校关于世界级旅游目的地的相关研究成果、建设标准和评价体系，结合国内外建设实践梳理形成，体系主要包括经济贡献度、知名度、吸引度、开放度、舒适度、满意度6个维度，见表1.1。

表1.1　世界级旅游目的地评价指标体系

维度 （6项）	指标 （17项）	子项（42项）	释义
经济 贡献度	发展规模	1. 国内旅游总收入 2. 国内旅游总人次 3. 入境旅游总收入 4. 入境旅游总人次	旅游业经济贡献和总体繁荣程度
	增速及占比	5. 国内旅游收入增长率 6. 入境旅游收入增长率 7. 旅游及相关产业增加值占比	

续表

维度 (6项)	指标 (17项)	子项（42项）	释义
知名度	辨识度	8. 国际品牌形象 9. 国际品牌营销精准度	旅游形象认知和认可的程度
	关注度	10. 世界级旅游目的地热度 11. 国际主流媒体平台活跃度	
	影响力	12. 新媒体国际传播度 13. 国际友好城市联动频率	
吸引度	核心资源	14. 世界遗产数量 15. 国家级资源数量	资源、旅游产品和新业态吸引程度
	世界级产品	16. 世界级旅游景区数量 17. 世界级度假区数量 18. 世界级城市数量	
	新业态	19. 特色旅游业 20. 国际精品线路 21. 数字文旅产品数量	
开放度	市场活跃	22. 旅游总部企业数量 23. 国际协会驻地数量 24. 国际投资项目数量	自由市场交易秩序环境
	国际开放	25. 多国家语言与标识 26. 国际会展数量 27. 签证开放城市数量	
舒适度	交通便捷	28. 国际航班线路 29. 国内枢纽城市航线 30. 省内交通路网密度	可达性和硬件设施舒适度水平
	服务设施	31. 五星级酒店（饭店） 32. 国际化旅行社 33. 国际免税购物中心数量	
满意度	总体满意度	34. 旅游业核心产品 35. 发展环境满意度	旅游服务与市场需求的匹配程度
	游客投诉	36. 游客投诉渠道 37. 投诉处理便捷度	
	服务质量	38. 旅游行为文明程度 39. 旅游服务标准度	
	安全保障	40. 安全制度建立水平	
	风险管控	41. 风险提示管控力度 42. 旅游救援能力	

经济贡献度方面反映目的地旅游业的经济贡献和总体繁荣程度，主要包括发展规模和增速及占比两个角度。一个成熟的世界级旅游目的地，其旅游业在经济发展中的贡献度是巨大的，其客源结构也是多元的，不但有本区域、本省、本国的游客，而且对世界其他区域的游客也具有一定的吸引力，国际游客占有较高的比重，客源国家或地区多样化，市场规模与效益优势明显。以庐山2022年的旅游业为例，庐山接待游客3182万人次，实现旅游总收入261亿元，蝉联2022中国县域旅游百强县市榜首。

知名度方面，除拥有国内知名的旅游及相关品牌，如国家5A级景区、国家级旅游度假区、国家公园、国家文化公园等，世界级旅游目的地还应有被全球认知的旅游品牌，如世界文化遗产或文化景观、世界自然遗产、世界文化与自然双重遗产、人类非物质文化遗产、全球重要农业文化遗产、世界地质公园、国际重要湿地及其他世界级文旅品牌与荣誉。世界级旅游目的地品牌形象突出，地域特色或文化特色鲜明，具有全球性品牌辨识度、知名度和美誉度，在同类型旅游目的地中处于世界前列；能针对国内外游客需求，创新旅游营销模式和营销方式，有效运用新媒体和新技术手段，开展精准高效的旅游宣传促销。建立完善的国际文化交流融合和国际旅游宣传推广机制，使世界级旅游目的地对国际游客具有较强的吸引力。庐山不仅是国家5A级景区，同时还拥有联合国认定的世界文化与自然双重遗产（白鹿洞书院，如图1.1所示）、世界地质公园、国家级风景名胜区等知名旅游品牌。

图 1.1   白鹿洞书院

　　吸引度方面，世界级旅游目的地拥有全球独特性、代表性的自然或人文资源，旅游资源具有一定体量或空间规模，资源类型丰富、结构合理、完整性好，其自然生态价值、历史文化价值、科学教育价值、观赏游憩价值很高，通常在世界范围内具有突出意义或普遍价值。其中，文化资源作为目的地的灵魂，是体现目的地价值魅力、彰显目的地个性特色的关键，需深入挖掘和展示本土文化内涵，彰显目的地的文化特色，形成具有浓郁文化氛围和国际化特质的文化旅游产品与文化生活场景。世界级旅游目的地应拥有非常突出的旅游核心吸引物，并在旅游资源（景观）与环境、旅游文化与生活、旅游产品与活动、旅游形象与品牌、旅游功能与业态等方面，形成完备的旅游吸引要素体系，且在某些方面具有世界知名度和突出影响力。庐山具有众多世界级旅游吸引力的核心要素（如三叠泉，如图 1.2 所示），也是庐山打造世界级旅游城市和江西建设世界级旅游目的地的重要依托和底气所在。应在严格保护好庐山瀑布资源的前提下，进一步融合创新和活化

利用，提升旅游品质、文化品位和目的地品牌形象，增强、提高
其世界级旅游吸引力和知名度。

图1.2　三叠泉

开放度方面，世界级旅游目的地的旅游产业主体具有突出优
势，旅游企业国际化运营和服务水平较高，旅游投融资机制先进，
能引进和培育国际领先的技术成果、产业项目和旅游企业，有效
开展国际产业交流合作，创新创业能力和产业国际竞争力较强。
既能营造国际化的开放合作环境，坚持开放包容、合作共赢的理
念，建立旅游国际合作机制，深化与主要客源国及国际旅游机构
的合作，有效服务并对接高质量共建"一带一路"倡议，积极承
办和参与国际文化与旅游交流活动，加大国际旅游推广的广度与

深度，以极具亲和力的方式宣传中华文化、讲好中国故事，促进对外文化交流和国际旅游发展，又能建立国际化的发展支撑体系。近年来，庐山积极展开国际交流合作。例如，举办 2023 庐山全球商界精英大会，不断提升对外开放水平、深化交流合作；同时，在 2023 世界城市品牌大会期间，成功举办"悠"游庐山文化旅游（澳门）推介会、粤港澳大湾区推荐会，完成了在国际平台的一次次精彩亮相。

舒适度方面，世界级旅游目的地要有现代化综合交通体系和重要的国际门户功能，应关注客流规律、突出人文关怀、不断优化交通体系，以先进的交通设施、技术、管理和服务，为国内外旅游者提供安全、便捷、高效的交通和出入便利；应具有全球一流的公共服务体系和主客共享的服务空间，旅游咨询、集散体系、旅游厕所、标识标牌、旅游安全等公共服务设施与功能高度完善，具有很高的国际旅游者使用便利度，且旅游信息化建设和智慧旅游发展达到国际先进水平。庐山有着十分便捷的对外旅游交通网络，包括铁路、航空、水运、公路等四通八达的运输方式。赣江、抚河、饶河、信江、修水五大水系在市域东南水面顺流而下，形成"江湖之会"。庐山核心景区建有南山、北山两条登山公路，景区内建有环山公路、支线公路和游步道（图 1.3）。水上交通方面，庐山市地处鄱阳湖中心腹地，水上运输四通八达，上连武汉、重庆，下接南京、上海。

图 1.3　景区木桥

满意度方面，世界级旅游目的地应以高质量发展为主题，把"质量强旅"作为旅游目的地建设和发展的核心理念，建立健全由旅游环境质量、旅游设施质量、旅游产品质量、旅游服务质量、旅游管理质量和产业（经济）运营质量构成的旅游质量体系。尤其要有达到国际标准的游览、住宿、餐饮、娱乐、购物等旅游接待与生活服务设施，服务标准完善，管理水平较高，能兼顾大众化和个性化的旅游需求，建立与国际接轨的旅游服务体系和导游服务队伍，提供人性化、周到温馨的高品质旅游体验和旅游服务，从而形成具有国际竞争优势的旅游服务与文化软实力。庐山整合景区各部门力量，成立庐山景区联合指挥调度中心，在重大节假日和旅游高峰时及时启动，通过对社会资源整合、功能聚合、手段综合，建立人员统一、资源共享的一体化指挥体系。加强旅游形势准确预判、数据动态智能分析、游客流量精准管控、旅游应急事件高效处置等工作，有效提升应急指挥、快速反应和高效处置能力。庐山还综合考虑景区的地域布局、景点特点、人口和单位的现状，将景区划分为 12 个网格，实现规模适度、无缝对接。同时，推进应急管理、疫情防控、防火防灾和安全管理网格深度融合，充分发挥网格员人脉广、地形熟、信息灵的群众工作优势，做实基础信息、社情民意、安全隐患、矛盾纠纷等工作，打通为游客服务的"最后一公里"。

基于以上六个维度构建的世界级旅游目的地评价指标体系，是庐山在世界范围内形成独特品牌、强大魅力和广泛认同，打造世界级旅游目的地的关键所在。综上所述，庐山需要基于此六个维度打造世界级旅游目的地，立足新发展阶段、贯彻新发展理念、构建新发展格局，坚持国际视野、文化引领、质量强旅和创新驱动，以打造世界一流旅游目的地为建设目标，以文旅融合彰显人文魅力为建设内涵，以旅游业转型升级和提质增效为建设重点，以改革创新增强可持续发展活力为建设动力，通过营造国际化环境、打造世界级品牌、开拓国际化市场、提供高品质服务和实施高水准创新，推动旅游目的地高水平建设和高质量发展，为推进中国式现代化建设做出旅游新贡献。

二、国家级旅游休闲城市的建设背景

旅游休闲城市是指休闲资源禀赋突出，地方休闲文化传统深厚，本地居民参与程度广泛，文化休闲功能突出，休闲产业在国民经济中比重较大，公共政策与行业管理协同水平较高的城市。随着休闲城市概念在国内的兴起，各地以建设购物中心、步行街、文化特色街区等载体为突破口，争相推动"城市旅游"休闲产业发展。2017 年 8 月，原国家旅游局在西安召开第三届全域旅游推进会，会上揭晓创建成绩榜，苏州、武汉、杭州、成都、大连、厦门、银川、宁波、无锡、珠海等 10 个城市荣膺"中国旅游休闲示范城市首批名单"。2020 年《中共中央关于制定国民经济和社

会发展第十四个五年规划和二〇三五年远景目标的建议》明确提出要打造一批文化特色鲜明的国家级旅游休闲城市和街区。

随着大众旅游时代到来，我国休闲产业快速发展，城市旅游休闲街区逐步兴起，历史文化、人文风情成为休闲消费的重要内容。城市街区直观地体现着一座城市的个性、特色，建设城市旅游休闲街区，不仅是丰富优质旅游产品供给、满足大众旅游多层次需求的重要抓手，也是推动旅游业供给侧结构性改革、实现旅游业高质量发展的重要着力点。从这次公布的 54 家国家级旅游休闲街区名单来看，城市旅游休闲街区大多是在传统商业街或文化聚集区的基础上发展而来，具备旅游休闲、文化体验和旅游公共服务等功能。未来应进一步突出地方特色，对街区的历史文化遗产加强保护、合理利用，使其在提供公共文化服务、满足人民精神文化生活需求方面发挥更大作用，让城市留下记忆。

国家级旅游休闲城市依照《国务院关于调整城市规模划分标准的通知》被划分为 3 个评定主体：超特大型、大型、中小型旅游休闲城市。根据旅游休闲城市发展指南行业标准或国家标准，这类城市是在历经一系列必备条件与优势条件的评估后，通过国家级评估程序授予，具备为本地居民和外来游客提供较高水平旅游休闲服务供给的体系。本规划采用"国家级旅游休闲城市评定标准"（见表 1.2）作为国家级旅游休闲城市规划建设标准参考进行规划编制。该指标体系一方面借鉴了世界旅游休闲城市的先进经验，另一方面吸纳了国内科研高校在休闲城市领域的相关研究成果、建设标准和评价体系，并结合国内外建设实践加以梳理、整合，最终构建而成。其主要包括旅游休闲资源环境、旅游休闲空间设施、旅游休闲服务体系、旅游休闲产业产品和创新业态、旅游休闲服务保障和管理措施、旅游休闲营商环境和文明程度 6 个维度。

庐山建设国家级旅游休闲城市将对当地经济、社会和文化产生积极的影响，有助于实现全面的可持续发展目标，同时也会提升城市的国际影响力和竞争力。依托此背景，庐山打造文化特色鲜明的国家级旅游休闲城市，就是一个不断彰显突出城市特色文化魅力、提升优化城市宜居宜游空间、满足主客共有的休闲生活需求、完善城市休闲旅游配套设施及服务的过程，是践行满足人民群众对美好生活的向往与追求使命的有力举措。庐山打造国际旅游休闲城市是向世界展现美好中国、传播中华文明的亮丽窗口。城市既是主要的旅游客源地，也是重要的旅游目的地，更是文化和旅游深度融合高质量发展的关键支撑和工作重心。在中国式现代化的进程中，城市在不断完善交通、市政基础设施等公共服务，不断丰富市民中心、剧场、电影院、博物馆、图书馆、公园、酒店、餐饮等休闲消费场所。这些高品质的生活空间和休闲场所，也正在成为旅游休闲的新要素、新场景。

表 1.2　国家级旅游休闲城市评定标准

等级	维度	指标
超特大型国家级旅游休闲城市；大型国家级旅游休闲城市；中小型国家级旅游休闲城市	基本条件	第三产业占比
		居民年人均旅游休闲消费在居民年人均可支配收入中的占比
		城市的人均公园绿地面积
		空气质量指数（AQI）年达标天数比例
		环境噪声
		过夜游客量占比
		文化场馆数量
	旅游休闲资源环境	城市建成区绿化覆盖率
		生活垃圾无害化处理率
		城市建成区噪声平均值
		空气污染指数

续表

等级	维度	指标
超特大型国家级旅游休闲城市；大型国家级旅游休闲城市；中小型国家级旅游休闲城市	旅游休闲空间设施	城市公共游憩空间数量和布局
		城市休闲空间类型
	旅游休闲服务体系	旅游休闲的节事活动
		旅游休闲的公共服务
		旅游休闲的商业服务
	旅游休闲产业产品和创新业态	旅游休闲的产业产品
		旅游休闲的创新业态
	旅游休闲服务保障和管理措施	旅游休闲的信息咨询服务
		旅游休闲的出行服务保障
		旅游休闲的其他保障服务
		旅游休闲资源保护
		旅游休闲规划统筹
		旅游休闲教育引导
		旅游休闲社会福利
		旅游休闲政策保障
		旅游休闲的体制机制保障
	旅游休闲营商环境和文明程度	旅游休闲营商环境
		旅游休闲文明程度

三、江西省推进世界级旅游目的地建设

自第十四次党代会以来，江西积极加快推进文化强省、旅游强省建设，文化和旅游发展稳中有进、繁荣向好。《江西省"十四五"文化和旅游发展规划》（以下简称《规划》）明确提出：突出发挥"江西风景独好"品牌效应，聚焦红色文化、绿色文化、古色文化等优势，结合各地资源特色，构建以"江西风景独好"为引领的品牌体系。不断充实品牌体系内涵，建设一批富有文化底

蕴的世界级旅游景区和度假区，打造一批文化特色鲜明的国家级旅游休闲城市和街区，建设世界知名旅游目的地，推动"江西风景独好"全球传播。

《规划》的印发，旨在加快推进江西文化和旅游高质量发展，建设更具影响力的文化强省和旅游强省。《规划》明确提及将以江西文化资源为基础，以国家 4A 级以上景区、国家级旅游度假区等提升能级、带动辐射为重点，对江西省文化和旅游发展的战略蓝图进行谋篇布局，尤其强调全力打造"重点品牌"和"特色品牌"。在重点品牌塑造上，以"庐山天下悠、三清天下秀、龙虎天下绝"和"三摇篮一策源地"等为代表的目的地品牌，重点突出红土圣地、陶瓷故乡、客家摇篮、白鹤王国、万年稻源、康养福地、才子之乡等一系列品牌形象，全方位凸显江西独特魅力。在特色品牌构建上，着力做优"悠然庐山·自在九江"等城市品牌，使其成为城市文旅名片。2023 年，习近平总书记主持召开进一步推动长江经济带高质量发展座谈会，着重指出要进一步推动长江经济带高质量发展，从而为中国式现代化提供更为坚实有力的支撑和服务。他强调，要"深入发掘长江文化的时代价值，推出更多体现新时代长江文化的文艺精品。积极推进文化和旅游深度融合发展，建设一批具有自然山水特色和历史人文内涵的滨江城市、小城镇和美丽乡村，打造长江国际黄金旅游带"。

2022 年，江西省人民政府办公厅发布《关于推进旅游业高质量发展的实施意见》，明确提及江西省旅游业高质量发展的目标：到 2025 年，通过持续努力，打造一批富有赣鄱特色的世界级旅游景区和度假区，进一步扩大"江西风景独好"品牌影响力，全域旅游示范省建设成效显著，将江西省打造成为全国红色旅游首选地、最美生态旅游目的地、中华优秀传统文化体验地、旅游休闲康养胜地、世界著名陶瓷文化旅游目的地。2023 年 7 月，江西省委书记尹弘强调，要深入贯彻习近平总书记视察江西重要讲话精神，创新经营管理体制机制，带着责任、带着感情将庐山改革进行到底，充分激发庐山旅游发展动力活力，全力以赴做实唱响"庐山天下悠"品牌。2023年7月，为深入贯彻落实党的二十大精神和省委十五届四次全会精神，江西省委提出要打造"三大高地"、实施"五大战略"。省委十五届四次全体（扩大）会议明确提出要坚定文化自信，坚持守正创新，用好用活江西丰富的文化资源，加强赣鄱优秀传统文化传承创新，大力推进文化事业全面发展，推动文化和旅游产业高质量发展，切实为现代化建设提供强大精神动力和文化支撑。

庐山建设世界级旅游目的地，是落实国务院文件精神、响应省委意见、充分发挥旅游业的带动作用，与时俱进地深化完善了推进中国式现代化建设的江西实践路径。通过抢占旅游新机遇、重塑旅游新格局、拓宽旅游富民新路径、构建产品新矩阵等方式，将庐山建设成为具有全球吸引力和国际竞争力的世界级旅游目的地，显著提升庐山旅游对经济、产业、社会的带动效益。

四、庐山市全力打造世界级旅游目的地

《庐山市城市总体规划（2017—2035年）》明确指出，庐山市的城市定位是国际著名的山水文化休闲旅游城市，以及长江经济带上重要的文旅创新基地。其目标愿景聚焦于打造"悠然天下，山湖致城"的城市形象，将庐山市打造成为生态福地、人文圣地、悠游娱地。在市域空间格局规划方面，庐山市积极谋求发展方式的转型升级，着力构建以景区为中心的市域城镇空间格局，精心规划形成"双心引领、中线带动、廊带支撑、三区协同"的空间结构，以此推动全域协同发展。《庐山市国民经济和社会发展第十四个五年规划和二〇三五年远景目标纲要方案（2021—2025）》也明确提出，要强化旅游引领，塑造国际旅游度假胜地新标杆。坚

持新发展理念，以深化庐山体制改革为手段，立足攻坚克难。坚持旅游引领战略，"山上做明珠，山下串珍珠"联动发展的格局。推动文化和旅游融合发展，将庐山建设成为富有文化底蕴的世界级旅游景区。2023 年 8 月，九江市委在市委十二届七次全会上提出，要加快打造区域制造业中心、区域文旅中心和区域航运中心，加快建设富裕、美丽、文明、和谐、幸福的美好家园。九江市作为江西省的旅游大市，坐拥庐山等一批文化底蕴深厚、自然条件得天独厚的文旅资源。庐山迈向世界级旅游目的地的征程，恰是九江市打造"三个区域中心"、建设"一个美好家园"，以及充分挖掘优势、切实用足优势、持续放大优势的现实写照，更是立足当下发展的趋势性变化和阶段性成果、提升区域地位和竞争优势的重大举措。

综上所述，庐山通过转型升级，一方面，能够在国际旅游市场上建立起更为显著的品牌形象，吸引更多国际游客的关注，提升庐山在世界范围内的知名度和影响力；另一方面，能刺激庐山地区经济增长，增加就业机会，促进相关产业链的发展。此外，庐山的转型升级，可以为游客提供更优质丰富的旅游体验，向游客展示庐山独特的文化魅力，加强文化自信，提升国家和地方的文化软实力。

第二节　山岳型观光景区庐山的转型理论与基础

一、旅游地生命周期理论

旅游地生命周期理论是描述旅游地系统动态演化的基础理论，不仅是旅游理论体系的重要组成部分，也是指导旅游地可持续发展实践的重要工具。旅游地生命周期理论起源和成型于西方，1980 年巴特勒（Butler）[①] 发表于《加拿大地理学家》杂志上的系统的旅游地生命周期理论，引起了各国旅游学者的兴趣，研究热情持续至今。旅游地发展实践为深入研究旅游地生命周期理论提供了动力。21 世纪以来，欧洲很多旅游地呈现出不同程度的衰退，管理部门开始重视旅游地的动态演化，倡导学者对旅游地生命周期理论进行深层次探索。旅游地生命周期理论成为公认的经典理论模型，被引入各国旅游地理学教材，并成为各国进行旅游地管理的重要依据。

　　旅游地生命周期是从时间演变的角度，分析旅游地成长的重要理论。巴特勒最早使用了"旅游地生命周期"这一名词，并在借鉴营销学界著名的产品生命周期理论和生物学生命周期理论的基础上，于 1980 年正式提出了旅游地生命周期理论。文章以游客数量的变化作为一个主要指标，绘制了影响力极大的旅游地发展"S"曲线模型。旅游地的演化被划分为 6 个阶段，包括探索阶段、参与阶段、发展阶段、稳固阶段、停滞阶段、衰退或复兴阶段。在旅游地发展的不同阶段中，旅游者需求、旅游者、旅游产品的供给数量、旅游产品的内涵、东道区社会、外来资本、当地环境等旅游地系统要素，随着旅游业发展呈现出规律性的变迁。Lundtorp 和 Wanhill[②] 运用长时间序列数据，提出了旅游地生命周期的三种循环模式（图 1.4）：第一种，"成长—衰落—成熟"型，旅游景区经过高峰成长阶段后，步入衰落阶段，然后进入稳定成熟阶段，这个称之为"成长—衰落—成熟"型旅游景区；第二种，"波浪"循环型，旅游地生命周期远比 S 型模式更为复杂多

---

① Butler R W. The concept of a tourist area cycle of evolution：Implications for management of resources［J］. Canadian Geographer/Le Géographe canadien，1980，24（1）：5－12.

② Lundtorp S，Wanhill S. The resort lifecycle theory：Generating processes and estimation［J］. Annals of Tourism Research，2001，28（4）：947－964.

样，具有一定的波浪式发展模式；第三种，"扇贝"型，故宫博物院属于这类景区的代表，旅游景区会通过不断发现新元素，刺激游客光顾旅游景区，达到客流量新的高峰值。

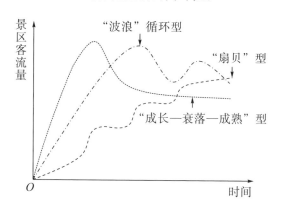

图 1.4　旅游地生命周期的三种循环模式

　　旅游地生命周期理论可用于指导山岳型景区庐山的转型升级。首先，旅游地生命周期理论为庐山发展提供了一套可视化模型。该理论为山岳型景区转型升级的分析提供了理论基础。研究者可根据庐山景区年龄，判断旅游景区发展阶段和这一阶段表现的主要特征，有利于为旅游景区管理者、学者和地方政府提供掌握景区所处阶段的依据，便于通过现象抓住本质，为延长旅游景区甚至是旅游目的地的生命周期提供有效措施。其次，旅游地生命周期理论可用来预测庐山景区未来的发展趋势。例如，当庐山旅游景区处于"参与阶段"时，可预测客流量的多少、旅游景区利润大小、旅游市场的发展趋势、竞争对手反应方式等，为旅游景区今后如何应对变化提供参考依据。最后，旅游地生命周期理论为庐山的景区管理决策者制订规划方案、进行市场促销等提供了科学依据。在每一个旅游景区的每一个成长阶段，景区年龄对景区级别、景区类型、景区经营项目多样性、游客停留时间等相关因素都会产生影响，从而影响景区客流量、景区旅游收入、景区就业规模等旅游景区综合效益。因此，在不同年龄段，景区形成不同的特征，通过景区客流量、收入和景区就业人数等表征现象，反映景区今后的发展方向，为山岳型旅游景区转型升级提供借鉴。

"成长—衰落—成熟"型是指旅游景区先经历高峰成长阶段，然后步入衰落阶段，最后进入稳定成熟阶段。城市主题公园景区多为此类模式，西安的大唐芙蓉园是这类旅游景区的典型代表。"波浪"循环型下，旅游地生命周期远比巴特勒的 S 型模式更为复杂多样，呈现波浪式发展，受旅游市场季节性、国际局势、潮流更迭等影响，游客流量起伏不定，美国的夏威夷、关岛就是此类典型代表。庐山作为生命周期跨度长的旅游目的地，根据其景区年龄和发展阶段，"扇贝"型模式可以较大程度地反映其当前发展轨迹，即通过不断挖掘新元素，吸引游客光顾景区，促使客流量达到新高峰。

二、山岳型观光景区概述

山地是自然旅游资源的主体，包括山岳和丘陵两部分，其中高大的山称为岳（杨凯凯，2006）。山岳型风景资源是指山地中相对高差大于 200m 的山岳所持有的地貌、地质、动植物等具有较高生态价值与观赏价值的自然资源（朱鹤，2018）。山岳作为自然型景区的类型之一，因其独特的山地体验、山地景观和自然条件而备受游客青睐；一般以自然景观为主、人文景观为辅，能够提供集观光游览、崇拜供奉、康体健身和休闲度假等于一体多样化的综合体验（刘智兴，2013）。截至 2023 年 7 月，在联合国教科文组织（UNESCO）公布的中国 57 处世界遗产名录中，以山岳资源为基础的遗产地累计 15 项，占比约 26％，截至 2023 年，全国 342 家 5A 级旅游景区中，山岳型景区占比 30％～35％，具体比例因统计口径略有浮动。可见，山岳是我国国土景观的典型代表，也是各地开发旅游资源、发展区域经济的重要抓手。

庐山作为典型的山岳型观光景区，属于地垒式断块山（图1.5），境内汇聚了河流、湖泊、坡地、山峰等多种地貌。其主峰为汉阳峰，海拔1474m，凭借其独特的地理位置、复杂的地形地貌和漫长的地质历史演化过程，造就了典型的山岳型自然景观。经过几十年的实践，庐山在遗产保护管理和旅游可持续发展方面取得了很大成就，成为当代中国山岳型遗产旅游地发展的一面旗帜。庐山景区发展历史悠久、知名度高，是当地久负盛名的游览胜地，当地政府高度重视其转型发展，在实施转型措施方面不遗余力。庐山的成功转型，将为打造世界级旅游目的地和中国国际知名山地旅游品牌贡献相当重要的力量，其旅游转型发展的主要内容和转型发展模式，也将为其他山岳型观光景区的转型发展带来借鉴与启示。

图1.5　庐山一角

三、研究对象的范围界定

从地理角度来看，庐山坐落于江西省九江市，地处鄱阳湖盆地西北侧，地势呈西北至东南走向，耸峙于长江南岸和鄱阳湖畔，西侧山麓紧邻京九铁路和昌九高速公路。山体自东北向西南延伸，占地面积达 282km²，而整个庐山风景区的总面积达 302km²，另有 500km² 的外围保护带，以此确保庐山生态与景观的完整性。

在地域文化研究领域，因为其辐射与传播的范围始终处于动态的变化中，故而不存在明确的边界。鉴于此，本规划研究的空间范围定位在以庐山风景名胜区为核心，以环庐山公路为界，辐射影响山区腹地的广大周边地区，其中包括庐山山体、庐山风景名胜区和江西庐山国家级自然保护区。

第二章

山岳型观光景区庐山的
资源优势与顶层设计

第一节　山岳型观光景区庐山转型升级的资源优势

一、庐山的自然资源优势

庐山的自然环境幽深清静、远隔尘世、山川悠远，以奇秀之姿冠绝天下，生态体系优良，物产资源丰富。庐山自然保护区内，地貌成因别具一格，断块山构造地貌、冰蚀地貌与流水侵蚀地貌相互叠加，塑造出独一无二的复合地貌景观。高山之上，流水潺潺，形成了众多激流和瀑布（图 2.1），并以"雄、奇、险、秀"闻名于世。2004 年，庐山便入选首批世界地质公园名录，备受世界瞩目。庐山市环境优雅、空气清新，集天然"水吧""氧吧"功能于一身，享有"江西后花园"的美誉。牯岭森林是中外驰名的避暑胜地。植物学家胡先骕在庐山创建了中国第一个亚热带山地植物园。庐山富氡温泉水温常年保持在 68℃～72℃，蕴含 30 多种对人体有益的矿物质和微量元素，被载入中国中医名著《本草纲目》，与陕西华清池、西班牙比里牛斯温泉并称为"世界三大名泉"。鄱阳湖庐山市水域面积达 373.4km²，湖岸线长 118km，水质常年保持在 Ⅱ 类，每年来此越冬的候鸟达 10 余万只。现景点主要包括五老峰、三叠泉、含鄱口、芦林湖、大天池、花径、如琴湖、锦绣谷、仙人洞、小天池等，详见表 2.1。

图 2.1　激流和瀑布

表 2.1　庐山代表性自然景观资源

大类	中类	小类	景点名称
自然景观	天景（13处）	1. 日月星光	日照松林、石门衔日、含鄱口日出、鄱湖烟云
		2. 虹霞蜃景	三叠泉彩虹、大天池晚霞、佛光、蜃景
		3. 气候景象	雨淞、雪淞、雾淞
		4. 云雾景观	云海、云瀑（瀑布云）

续表

大类	中类	小类	景点名称
自然景观	地景 （42处）	5. 山岳景观	九奇峰、大天池峰、大汉阳峰、小五老峰、五老峰、太乙峰、宜殊峰、石钟山、龙首崖、好汉坡、含鄱口、折扇峰、龟背峰、卧龙岗、姐妹峰、香炉峰、铁船峰、梨头尖、聚仙峰、鹤鸣峰
		6. 地质景观	大坳冰斗群、冰川、川形谷、冰窖、冰桌、变质核杂岩
		7. 峡谷景观	石门洞、剪刀峡、唐王谷、锦绣谷
		8. 岩石景观	飞来石、仙人墩、石松、落星石、醉石、鞋山
		9. 洞穴景观	马祖洞、仙人洞、仙居洞、龙宫洞、狮子洞、涌泉洞
		10. 瀑泉潭景观	一线泉、七彩愚、三普泉、马尾水瀑布、王家坡双漫玉帘泉、百女崖瀑布、谷帘泉、图瀑、爱莲瀑、隐港、黄岩瀑布、招隐泉、浪井、温泉、聪明泉、大天池、小天池、乌龙潭、仙浴潭、玉湖、龙潭、卧龙潭、浴仙潭、黄龙谭、碧龙潭
		11. 江河景观	三峡洞、白鹤洞、青玉峡、将军河、相辞涧、桃花溪
		12. 湖泊景观	甘棠湖、如琴湖、芦林湖、湖口
	生景 （19处）	13. 森林景观	亚热带常绿阔叶林、山地温带落叶阔叶混交林、山地温带落叶离叶林、针叶混垄林、灌木林
		14. 古树名木景观	三宝树、公孙长老（银杏）、六朝松、六棵树、白果王（银杏）、迎客松、赣北罗汉王（罗汉松）
		15. 动物栖息地	云豹、金钱豹等栖息地，庐山鸟类栖息地、庐山昆虫栖息地
		16. 物候季相景观	山寺桃花、五老峰杜鹃、庐山秋季彩叶植物景观

二、庐山的人文景观优势

庐山文脉悠厚、源远流长，孕育出书院文化、隐逸文化、宗教文化、杏林文化、碑刻文化、戏曲文化、别墅文化、茶文化等多元文化。早在 2000 多年前的汉代，司马迁就将庐山载入《史记》，陶渊明在庐山开中国田园诗先风；高僧慧远建东林寺、创"净土宗"；朱熹重建白鹿洞书院，弘扬"理学"。迄今为止，历代有 3500 余位文人墨客登临庐山，留下了 1.6 万多首诗词歌赋、1300 多帧摩崖石刻和大量书画作品。中国文学名篇中，陶渊明《桃花源记》《归去来兮辞》、李白《望庐山瀑布》、周敦颐《爱莲说》、苏东坡《题西林壁》等，都诞生在这块土地上。与此同时，道教、佛教、天主教、基督教、伊斯兰教五教同山，多种文化交汇于此，形成独一无二的宗教文化。释道两教从互争雄长走向携手共勉；基督教、天主教、伊斯兰教等在庐山生根发芽、茁壮成长，把庐山变成了宗教的荟萃地。到目前为止，庐山仍保存了多国风格迥异的近代别墅，以及宗教寺院和别墅群，包括建于公元 384 年的佛教东林寺、建于公元 730 年的庐山西林塔、建于唐代的道教藏书之地、建于公元 940 年的白鹿洞书院等。其他文化遗迹还包括建于公元 1015 年的观音桥等。此外，庐山也存在丰富的政治文化色彩。周恩来、朱德、刘少奇、蒋介石、冯玉祥等都曾登上庐山，庐山一度成为民国"夏都"。新中国成立后，毛泽东主席三次登上庐山，主持召开了世人瞩目的三次会议。

三、庐山的地理区位优势

庐山区位独特，交通便捷。它位于长江中游江西省北部九江市南侧，北临长江，东濒鄱阳湖。其风景名胜区地理坐标为东经

115°52′～116°08′、北纬29°26′～29°41′，位于"九江—南昌—景德镇"旅游发展圈核心位置，地理位置十分突出。在辐射范围内，人口密集，经济也十分发达，一级客源市场的旅游倾向比较明显，二级客源市场的游客到访率也比较高，甚至1500km开外也可以辐射到。庐山每年接待近千万的游客，同时还是20余所高等院校的实习基地，又毗邻拥有上百万人口的九江城区，其受众面极其广泛。得天独厚的区位优势、便利的交通和庞大的受众群体，使得保护区开展自然教育的发展潜力巨大。

庐山也有着十分便捷的对外旅游交通网络，包括铁路、航空、水运、公路等四通八达的运输方式。陆地交通方面，庐山地处九江南郊，402省道贯穿南北，另有105、532国道环绕，同时毗邻昌九高速、京九铁路及庐山机场，交通条件便利。陆路交通便捷，境内环庐山公路与昌九高速对接，105国道、九江绕城高速和都九高速贯穿全境，市区距九江半小时车程，距昌北机场一小时车程。庐山核心景区建有南山、北山两条登山公路，景区内建有环山公路、支线公路和游步道。水上交通方面，庐山市地处鄱阳湖中心腹地，水上运输四通八达，上连武汉、重庆，下接南京、上海。

四、庐山的旅游服务优势

庐山景区现阶段围绕"山上做明珠，山下串珍珠，再创庐山新辉煌"的目标，以庐山核心景区为导向，带动周边景区发展，促进庐山经济整体发展。庐山第三产业比重自2017年持续上升，随着庐山风景、历史遗迹和文化体验的逐步挖掘，庐山进一步拓展了国际游客市场，高质量的旅游产品和服务发展也进一步促进了旅游消费。此外，庐山发布6月庐山免门票政策、举办"百万福袋"消费券发放活动以及启动旅游旺季运行机制等为游客提供旅游红利，使得庐山突破了以往的季节性限制，在旅游业的淡季实现了客流量爆发式的增长。政府和企业共同努力将庐山打造成江西旅游的龙头、全国旅游的标杆、世界级旅游休闲目的地，带领庐山踏实向上向好发展，争当全国旅游业的典范。

庐山依托自身优势举办各类旅游项目，加速旅游业复苏和高质量发展。庐山举办"迎冬奥、庆新春、庐山冰雪嘉年华""多彩庐山、云上绘秋"等系列活动，庐山冰雪游、鄱阳湖大草原火爆出圈，单日索道购票人数、单日客流量均创历史新高。庐山获评全国首批"天气气候景观观赏地"、全省首批"风景独好"旅游名县，蝉联"全国县域旅游综合竞争力百强县"榜首。此外，庐山景区整合旅游资源，加速推进"旅游上市"。庐山通过"云旅游"与线下实地旅游进行优势互补、深度融合，使庐山旅游业发展更加多元化。

五、庐山的品牌资源优势

根据世界级旅游目的地评价指标体系中对"知名度"的评价标准，庐山在建设世界级旅游目的地中已具备一些十分优秀的品牌资源。1996年12月，联合国教科文组织世界遗产委员会批准庐山作为"世界文化景观"列入《世界遗产名录》。以东林寺、白鹿洞书院为代表的庐山风景名胜区资源历史悠久、文化底蕴厚重，具有重要的历史文化价值、高度的风景审美价值和独特的科学研究价值，是我国弥足珍贵的自然与人文和谐共生、交融互动的产物，具有全人类的普遍意义，是世界遗产大家庭中的璀璨明珠。值得一提的是，庐山是世界文化景观遗产诞生后首个入选其中的中国遗产项目，意义非凡。

第二节　山岳型观光景区庐山的旅游业态现状
与目的地形象

一、庐山的旅游业态

庐山景区现阶段围绕"山上做明珠，山下串珍珠，再创庐山新辉煌"的目标，以庐山核心景区为导向，带动周边景区发展，促进庐山经济整体发展。目前，庐山已经基本形成了六大旅游业态，分别是以三叠泉、五老峰、含鄱口、龙首崖、锦绣谷为中心的观光旅游，以牯岭街、东谷别墅群为中心的避暑养生旅游，以毛泽东旧居、毛泽东诗碑园、庐山会议旧址、庐山抗战纪念馆为中心的红色旅游，以白鹿洞书院、白居易草堂、花径的故事为中心的人文旅游，以仙人洞、黄龙寺、基督教堂、天主教堂、清真寺为中心的宗教旅游，以庐山植物园、庐山博物馆、地质公园为中心的地质科研旅游。

二、庐山的客源地情况

庐山的客源市场辐射范围比较广，区域内游客的文化水平在国内相对较高，同时经济水平良好、闲暇时间较多。根据空间距离的距离衰减律（吴必虎，1997），庐山的一级客源市场可以辐射到安徽、湖北、湖南、广东、广西、福建、浙江、上海、江苏、河南等华中、华南、华东地区，其中浙江、上海虽旅游资源丰富、丰密度及组合状况良好，但由于当地居民出行选择多样，庐山在此吸引的客源数量并不特别突出。总体来说，庐山在一级客源市场内的旅游可能性和倾向性较高。庐山的二级客源市场辐射力更为惊人，甚至可以延伸到东亚、东南亚等的中国周边邻国。在这些区域，庐山的客源市场到访率也比较高，日本、韩国以及东南亚市场已然成为庐山的主要海外客源地。

在游客类型上，庐山的团体游客占 30％，散客占 70％；年龄结构上，庐山的游客以老年人和青少年为主；客源地结构上，江西本省占 20％，周边省份占 60％左右。疫情之前，庐山的旅游人数基本保持稳定增长。2007 年，庐山接待游客数量为 1215.82 万人次；2012 年，庐山接待游客数量增长至 4011.32 万人次；到了 2017 年，庐山接待游客数量接近 5012.24 万人次，同比增长 18.4％，旅游总收入 342.7 亿元，同比增长 19.6％；2019 年，庐山接待游客数量为 1349 万人次，旅游总收入 172 亿元；2020 年，虽受疫情影响严重，但庐山接待游客数量仍然达到 985 万人次，旅游总收入 119 亿元。

三、游客对庐山的感知形象分析

1. 国内游客对庐山的感知形象分析

本书主要通过庐山旅游网站、促销材料、查阅驴友在庐山旅游后所写的评价及抽样访谈等方式了解庐山在国内游客心中的形象，详见表 2.2。经过相关信息的筛选与汇总，本规划将国内游客心目中的庐山感知形象提炼为"庐山是一座自然景观与人文景观相融合的六大名山，即风景名山、文化名山、宗教名山、地质名山、政治名山、避暑名山"。

表 2.2 国内游客对庐山的感知形象分析

庐山的感知形象	促销材料原始文本	游客真实印象
风景名山	"庐山濒临长江和鄱阳湖,海拔1474米,以山势、绿色森林和瀑布水景著称""气候宜人、空气清新、环境优雅"	"庐山好美""风景很优美,碧海玉涛,云蒸霞蔚""很美很秀丽的一个地方""庐山好风光""风景非常秀丽,给人一种世外桃源般的感觉""瀑布、温泉、悬崖、谷底都很不错""庐山山体清秀,看到了著名的日出""风景不错,有很深的峡谷,很多的瀑布,特别是三叠泉""江西最美的风景区""庐山的日出暖暖的""神仙佳境""晴空万里的山特别美,冬天的雪景也特别漂亮""庐山给我的第一印象是干净,其次是山的大气""风景很好,也很舒服""植物有很多罕见的,里面的花特别漂亮"……
文化名山	"世界的庐山,中国的文化""东晋以来,文人们歌咏庐山的诗词歌赋达16000余首""千年学府——白鹿洞书院""母仪典范——岳母祠"	"还是苏轼那句诗形容得妙:不识庐山真面目,只缘身在此山中。庐山,自古以来都是文人墨客必到之地""在读一些古诗词时总会读到有关庐山的诗词,所以来看看庐山真面目""书院的文化气氛很浓""白鹿洞书院就是一处人文景观很丰富的地方""对石碑或书法有兴趣的朋友推荐来游览""主要看看建筑格局和石碑""领略朱熹的儒家教育思想""南宋的最高学""景点风景一般,人文历史厚重""很多名人游玩都留下了佳句,真的很贴切""山清水秀,古代文人墨客最喜欢的去处""花径公园白居易草堂不错,那位老先生的书法很值得收藏""摩崖石刻可以欣赏,更有导游讲的神话传说、历史趣事可供品味"……
宗教名山	"一山藏五教,走遍天下找不到""佛道两教互争雄长""伊斯兰教、天主教、基督教荟萃于此"	"不仅是自然景观,庐山的人文景观造就了它如此大的名气,如佛教、名人诗句""西林寺、东林寺信徒都很虔诚""那里的基督教堂历史悠久""东林寺是净上宗的祖庭""很多寺庙曾经得到过皇家支持"……

续表

庐山的感知形象	促销材料原始文本	游客真实印象
地质名山	"地质科普游""庐山地质公园内发育有地垒式断块山与第四纪冰川遗迹""庐山共有一百余处重要冰川地质遗迹，完整地记录了冰雪堆积、冰川形成、侵蚀岩体等过程"	"是国家级地质公园。里面珍贵树木、花草很多。印象颇深的是有个放置模拟恐龙的地方，有点野外生存的味道""石门涧是庐山第四纪冰川遗迹，整座山像是一层层石头垒加起来的。庐山能评上世界地质公园，关键就是石门涧""带小孩去庐山地质公园博物馆了解了一下地质科普知识"……
政治名山	"爱国主义教育胜地""从南昌起义策划到国共两党合作的谈判，再到中共中央三次会议在庐山召开，形成了庐山特有的政治文化"	"终于看见了伟人的故居，明白了多少伟人、名人骚客为何喜欢居住在庐山""看看革命前辈战斗过的地方""庐山政治、庐山的别墅都很特别""走庐山红色路线，感受一下革命前辈曾留下的气息""庐山比黄山还更有历史性，从绝代佳人宋美龄到铮铮铁汉彭德怀""与宣传单有差距，没有想象中的好，但政治故事还算不错""美庐别墅，毛主席和蒋介石都住过的地方""见证了中国近现代的历史""美庐别墅和庐林一号，它们的建筑风格可谓独具特色""牯岭镇的万国别墅我更钟情""被浓烈的政治氛围笼罩着""共和国的神秘故事""山上别墅较多，多是周恩来、张学良等政治风云人物住过的，很有人文特色"……
避暑名山	"是一座桃源仙境般的避暑胜地""中国最佳避暑休闲胜地"	"庐山最好的还是空气，夏天是个避暑的好地方""风景还不错，很美，非常适合度假，良好的气候和优美的自然环境，使庐山成为世界著名的避暑胜地，来庐山的最佳季节当然是夏季""空气清新，很适合避暑""清净，靠近大自然，能够完全感受大自然的魅力，夏天的避暑胜地""夏天非常凉快，避暑胜地""我国著名的旅游风景区和避暑疗养胜地"……

从表2.2可知，在"庐山是一座六大名山"的感知认同上，国内游客对庐山自然风光的感知度比其人文景观遗产更为强烈。以同程旅行网和 TripAdvisor 网站 2020 年期间 155 名驴友对庐山的游览评价为例，81.94％的驴友认为庐山的风景优美；76.13％的驴友认同庐山是避暑胜地的美誉；49.67％的驴友对庐山的摩崖石刻、白鹿洞、著名诗句等进行了介绍和引用；45.16％的驴友提到了庐山的政治文化，对美庐别墅、芦林一号和蒋介石、宋美龄、毛泽东、周恩来等人在庐山的政治活动较为感兴趣；对于庐山的宗教文化，只有 37.42％的驴友在评价中有所提及；而对于庐山独特的地质地貌，只有 26.45％的驴友给予了关注。庐山历史遗迹众多、文化底蕴深厚，但是游客对庐山的感知更偏重于其自然景观。究其原因，大多数游客游览庐山主要集中于山顶庐山风景名胜区管辖的"一线""二线"（这两条线路主要以自然景观为主，如山顶 12 景、含鄱口、植物园、五老峰、三叠泉等景点，致力于"休闲观光、消夏避暑、休疗养身"等三项自然景观系列旅游产品开发）热点线路；而聚集"白鹿洞书院、西林寺、东林寺、秀峰"等文化遗产重要组成部分的"三线""四线"旅游线路，游客购买力却较为低下，从而导致游客对世界文化景观遗产认知度不高，出现了庐山文化景观遗产被边缘化的现象。

2. 国外游客对庐山的感知形象分析

　　国外游客对庐山作为旅游地的认识规划主要选取西方社会有广泛影响的旅游指南类书籍 *The Rough Guide to China*，*Lonely Plane—China* 以国外旅游网站对庐山的描述为切入点，结合国外游客的庐山游记以及与国外游客的一些简要访谈，探寻西方社会对于庐山的认知了解情况。*The Rough Guide to China* 中提到了"庐山是一个值得回忆的江西旅游的地方，一直以来都是中国文人学士青睐的夏季避暑地"。对于庐山的发展历史，明清以前的文化景观被一笔带过，书中重点关注了 19 世纪以后庐山的发展历史。除对庐山"植物园、五老峰、如琴湖、花径、仙人洞"等景点进行推荐外，书中对牯岭上红顶绿瓦的别墅景观以及"美庐别墅"、红色旅游景点"庐山会议旧址"进行了更为详细的介绍。*Lonely Plane—China* 是国外游客到中国旅游常用的旅游指导用书。该书的编者在对庐山的某些介绍中，带有一定的个人感情色彩，导致某些描述并不客观，如认为是太平天国运动导致庐山的文化景观受到破坏，用 infamous 形容庐山别墅被改造后成为政治会议中心的事实。自然景观"五老峰、植物园、三宝树、龙首崖"和人文景观"庐山博物馆、美庐别墅、庐山会议旧址、天主教堂、基督教堂、周恩来纪念馆"是该书主要推荐的游览景点。

由此可见，西方游客对于庐山文化景观遗产地的了解并不深入。相较于泰山、黄山、峨眉山等其他著名山岳而言，庐山在海外的知名度略显逊色。国外游客对于庐山的认知，大多局限于"牯岭曾是西方殖民者的避暑之地""庐山曾是国共两党的政治会议中心"。比起庐山古代深厚的文化景观沉淀，他们往往更欣赏庐山的自然风光，且对近代国共两党在庐山所发生的历史事实更为感兴趣。如 Lonely Planet 官方网站上对庐山的历史只用了三段话描述，其中两段描述了 1959 年和 1970 年的庐山会议。此外，国外对于庐山的游览路线介绍仅仅是"一线"和"二线"，对于庐山文化景观重要的组成部分的"三线""四线"文化景观却只字不提，如"东林寺""白鹿洞书院"并未在书中有所阐述。在本规划开展的与国外游客的访谈过程中，诸多国外游客对庐山的"西林寺、东林寺、白鹿洞"等景点都不了解，甚至都没有听说过。在文化、语言、获取信息狭窄等因素的影响下，国外游客对于庐山的认识并不像国内游客那么全面和深刻。

第三节　山岳型观光景区庐山的主要问题

一、山岳型景区发展转型的共性问题

1. 产品结构单一、同质化严重

当前，山岳型景区旅游产品的类型比较单一，以观光型产品为主，缺乏参与型、体验型产品，十分影响旅游产品吸引力和游客的重游率。山岳型景区众多，游客群体存在相当程度的重叠，这导致竞争激烈，需要与周边其他山岳型景区竞争游客。为了吸引游客，各个景区不断推出新的旅游产品。近年的山岳型景区的旅游产品，主要集中于玻璃栈道、玻璃桥、灯光秀，或和宗教结合打造宗教名山，或和演艺公司签订演艺合同。虽然产品在文化上、品质上有着些许的差别，但同质化很严重，创新型产品和项目案例少之又少。这种情况显示出了山岳型景区在产品创新方面的挑战，缺乏独特新颖的产品。当前的市场趋同现象明显，同质化竞争导致了市场的失衡。

2. 旅游基础设施不完善

在决定旅游经济价值的因素中，资源所处的区位条件有时比其本身的质量更为重要。山岳型遗产地往往位于较为落后的地区，交通可进入性差，基础设施薄弱，旅游接待设施难以满足游客的需要，因此从某种程度上说，山岳型观光景区的旅游资源优势往往会被区位上的劣势所抵消。此外，大多数山岳型景区是我国开发最早、历史最久的传统型景区，经过长时间的使用，以及设施

设备的自然折旧，山岳型传统景区的基础设施和服务设施与新开发之景区所配备的设施设备相比而言，存在不同程度的老化问题，很大程度上降低了旅游吸引力。

3. 季节性波动问题显著

旅游季节性是指客流流向、流量在一年中相对较短时段的集中趋势。季节性是旅游固有的特征。山岳型遗产地旅游具有明显的季节性特征，这种季节性特征在旅游资源、旅游活动以及整个旅游业中都有体现。山岳型景区的季节性一直困扰着山岳型景区的发展，最显著的表现就是其在一年中某一相对较短的时间内集中了大规模的客流，同时对目的地的社会和自然资源产生了沉重压力，对旅游地的承载力也是巨大的考验。例如，黄山80%以上的游客集中在4月至10月的旺季，淡旺季失衡产生了一系列问题，对景区生态环境和游客感应环境及旅游经济效益产生了很大影响，季节性波动一直是困扰山岳型景区旅游发展的难题。

4. 旅游保护和开发矛盾突出

旅游资源开发和保护之间的矛盾主要体现在以下两个方面：
一方面，资源保护不力，生态环境遭到破坏。随着山岳型景区的开发开放，大量游客带来的生活垃圾陡增，破坏了山岳型景区脆弱的生态系统，使得水体受到污染、环境遭到严重破坏、土壤因过量的游人践踏而板结，造成古树名木死亡，生物多样性受到很大威胁。同时，在景区内大兴土木工程（如修建盘山公路、索道、宾馆饭店等），导致了对景区生态环境资源日益突出的建设性破坏。这就要求山岳型遗产旅游发展必须注重环境保护和再生，否则将会产生不可逆转的资源破坏。
另一方面，山岳型景区的发展极易引起利益相关者与管理体制的矛盾冲突。随着旅游业的快速发展，近年来著名的山岳型景区旅游收入都有了长足增长，景区管委会、经营企业、周边社区百姓、地方政府、上级部门等主体相互之间的关系更加错综复杂，极易产生激烈的冲突和尖锐的矛盾，进而导致管理体制的变迁。

二、庐山发展转型的个性问题

1. 景区管理"一山多治"，机制问题束缚发展

山岳型观光景区庐山旅游发展涉及多方利益。庐山作为世界级风景名胜区，表面上看是一个整体，但实际上长期以来面对的却是一山多治的尴尬局面。山上景点和周边景点分归庐山管理局、濂溪区、庐山市等管辖。庐山不仅拥有"世界遗产"称号，同时还拥有"国家重点风景名胜区""国家5A级景区""国家地质公园""世界地质公园"等头衔，景区归属部门繁多，包括建设、环保、林业、文物、旅游、国土等部门。这些部门都划定了自己的职权范围和管辖领地，这便是庐山山岳型旅游资源开发易受多头管理体制制约的客观原因。20世纪80年代，庐山呈现出"一山六治"的复杂格局，在300多平方千米的土地上，庐山风景名胜区管理局、庐山市、九江县、濂溪区、庐山自然保护区以及庐山综合垦殖场纷纷介入管辖。2005年底，九江市将庐山综合垦殖场、庐山茶科所、庐山林科所和庐山水电厂4个单位划归庐山风景名胜区管理局。"一山六治"也由此变为"一山五治"，位于庐山市、九江县和濂溪区的庐山山体仍然游离在"庐山"之外。2019年开始，庐山进行了市局合一、专业管理、机构精简深化管理体制改革，多年以来"一山多治"的局面被改变，新设立的庐山市管辖着庐山80%以上的山体和旅游资源。

2. 国有房产确权尚未完成、国有资产没有盘活

庐山景区内部的一些房产所有权归属尚未明确，这导致在房

产和资源管理、维护以及未来的投资决策等方面出现问题。缺乏明确产权的状况阻碍了房产的规范管理和有效利用，从而影响到景区的整体运营和发展。国有资产没有盘活，则使得庐山景区未能将其国有资产进行有效的运营和利用，使其产生收益或价值；使得景区的潜在价值无法得到充分释放，限制了景区的发展动力和资源配置效率。这两个问题相互关联，极大地阻碍了庐山景区的转型发展，严重阻碍了资源变成资产、资本、资金的通道。

3. 市场化程度不高、激励机制欠缺

市场机制的决定性作用不够；市场配置资源的功能没有完全发挥出来；政府积极作用不够；行政管理过多、过细，看似什么都管了，实则什么都没管，没有发挥正面激励作用。这一连串问题进而导致庐山各方面参与主体的积极性不高，政府干部、山上山下居民和市场主体的积极性都亟须提高。例如，政府干部只强调管理，认为旅游产业发展与本职工作无关，游客多了反而是负担，管理人员和工作人员没有足够的动力来提供更好的服务，导致游客体验的下降；山上居民靠山吃山，没有主动开发旅游新业态，山下居民没有积极性，认为游客到来与自己无关，简单通过房屋别墅租赁获取收益；市场方面，则需要进一步调动旅行社的积极性，改变现在没有合作的局面。总体而言，庐山在市场化进程中存在诸多短板，资源配置不够灵活，决策过程不够透明，这些不利因素都严重阻碍了庐山景区的转型发展。

4. 未适应旅游新时代趋势，个性化定制不足

面对大众旅游新时代，全域旅游的新方法和精品个性旅游的新形式没有跟上，这导致游客在庐山的停留时间较短。当前的庐山游客仍是以"观光型"为主，游客的观光线路主要集中于山顶的"一线""二线"路线，游客一般停留时间偏短（多为2～3天），

导致"三线""四线""五线"的遗产旅游产品被日益边缘化，极大地影响了遗产旅游的经济效益。这种现象可能导致游客难以充分体验庐山的多样魅力和丰富内涵，难以深入体验庐山的文化、自然和历史资源。这种浅尝辄止的游览模式不仅限制了游客对庐山的感知，也限制了他们的消费行为，导致庐山在旅游收益上的潜力无法完全释放。游客仅仅进行简单的游览，在景区内的消费项目有限，错失了更多购买旅游产品和享受服务的机会，也限制了庐山景区的收入增长。

5. 供给端和消费端之间传播反馈机制断裂，缺乏双向互动

供给端，即景区管理者、旅游服务提供商，未能充分了解游客的需求和反馈，缺乏即时的渠道来获取游客的看法和建议，导致无法对服务和产品进行及时改进。与此同时，景区内的信息传递可能不够畅通，游客在游览过程中可能缺乏对景区历史、文化和特色的深刻了解。消费端，即游客，也未能积极地与景区管理者互动。游客可能缺乏反馈渠道或者认为投诉和建议无法获得有效回应，因此可能选择保持沉默，或者通过社交媒体等渠道表达不满，而不是直接向景区提出问题。这可能导致景区管理者不能真正理解游客的需求，无法做出符合他们期望的改进。总的来说，供给端和消费端之间传播反馈机制的断裂导致了信息不对称，使得庐山旅游业未能充分满足游客的需求，也未能及时调整服务和产品。

6. 交通可达性不高，内部景点通达程度不高

尽管九江市具有显著的交通区位优势，但庐山景区的交通可达性仍存在提升的空间。当游客到达九江市区，他们前往庐山市区和景区仍需面对"最后一公里"的挑战，存在等待时间较长和

多次换乘等问题。这些问题反映出庐山旅游交通综合服务水平仍有待提高，尤其需要解决如何让游客从九江市区、庐山城区和各大交通枢纽站迅速、直接到达庐山景区的难题。此外，庐山景区内部游览空间广阔，但景点之间的衔接性和通达程度不高。这导致游客难以迅速抵达核心景点，进而引发游客不满。庐山山体面积范围大，旅游景点分布分散，各景点交通未实现完整的组合体系，使得庐山文化景观空间利用格局极度不均衡。主要表现在：①游客多由山北、山南公路进入庐山景区，集中在以牯岭为中心的狭小地区进行为期 1~3 天的景观游览；②古代以庐山东南麓、西北麓为游览中心的格局现今转变为庐山旅游的次要补充部分。相对山顶的热点旅游景点而言，山下景点尽管包含了庐山遗产旅游的重要组成部分（如东林寺、白鹿洞书院、秀峰等），但却只是庐山旅游的"温点"，甚至是"冷点"，往往被游客绕过和忽视掉了。庐山山上与山下的旅游活动各自割裂，景观利用空间冷热景点差距大，导致庐山文化景观遗产品牌并没有取得应有的经济效益。

此外，庐山的游客分流机制有待提升，目前旅游旺季的客流量远超景区承载力，影响了旅游景区形象提升和高质量发展。长期以来，庐山交通"车多、路窄、停车位少、秩序乱"的现状导致旅游旺季交通十分拥堵、停车非常困难，并且"人在车中走，车在人中行"的现象突出，存在较大安全隐患，严重影响着庐山的旅游形象。拥堵不堪的恶劣交通环境，不仅会大大降低游客游览、休闲的兴趣，更会严重制约景区商户的发展和庐山旅游事业的发展。

第四节　山岳型观光景区庐山转型升级的顶层设计

一、基于供给与需求一致性视角的顶层设计

庐山景区在需求侧与供给侧之间存在显著的错位。休闲度假的核心在于游客停留时间。一方面，游客停留时间的延长往往伴随着更多的消费，如餐饮、住宿、购物等，这将直接增加景区的收入，进而促进当地经济的繁荣；另一方面，游客停留时间的增加使他们能深入体验景区，更全面地感受景区的文化、风光和活动，获取更为丰富的旅游体验，从而提升对景区的认知和满意度，提高庐山景区的回访率。因此，庐山景区的发展转型关键在于延长游客停留时间。然而，目前庐山的发展在供给侧未能提供深度文化体验和沉浸式体验的文化产品，需求侧的游客对庐山的品牌特色和产品定位了解不深，导致游客的停留时间较短、重游率不高。为应对这一现状，庐山需要在供给侧和需求侧同步发力，寻求延长游客停留时间的有效对策。

在供给侧方面，庐山的主要目标是延长游客的停留时间，同时提升停留期间的趣味性。在与众多山岳型景区的激烈竞争中，庐山需充分利用现有资源，实现业态的变革和创新；需要深入挖掘庐山的文化内涵，创新内容呈现方式，引入智慧化提升和科技创新，为游客提供多样化的休闲度假产品。在需求侧方面，庐山需深入了解不同客源群体的消费动机，对下沉市场进行精准细致划分。这将帮助供给侧明确消费端愿意增加哪些停留时间，以及消费者对于消磨时间方式的偏好。进一步而言，庐山需要针对不同年龄段游客的时间偏好，将旅游休闲时间转化为人力资本投资

时间，例如通过推出研学活动，根据文化爱好者的偏好，提供相应的沉浸式体验产品。

针对供给侧与需求侧的错位问题，庐山需要通过传播手段实现供给和需求的双向互动。通过改进传播观念、打造品牌形象、培养专业队伍、建立反馈机制等有力措施，将需求侧和供给侧有机的整合起来，发挥文化传播在旅游发展中的重要作用。

二、山岳型观光景区庐山的破圈

随着居民可支配性收入的持续增长，外部门票政策不断"施压"，旅游消费需求不断升级，长期依赖"门票经济"的传统山岳型观光景区陷入困局，景区营收过于单一、同质化严重、缺少综合性服务等问题成为传统山岳型景区发展的瓶颈。在内忧外患之下，如何突破原有的发展禁锢，取得突破性进展，成为庐山亟待解决的难题。

破资源圈——打破资源圈层，吸引更多游客近距离领略庐山风光。长期以来，庐山仰仗得天独厚的自然和人文条件，具有极强的吸引力和号召力。圈起景区、关上山门收门票，造成了经营和管理的惰性。随着激烈的竞争和周边其他山岳型景区的游客分流，单一的自然观光很难持续吸引游客。目前游客消费趋势的转变，倒逼景区行业走上多业态发展的转型之路，除观光之外的休闲、餐饮、住宿、购物、娱乐、体验、康养、研学以及有着更大拓展空间的定制化产品和服务等，都是拥有巨大伸缩空间的弹性消费领域，为景区经营和产品开发提供了无限可能。同时，庐山有着深厚的文化底蕴，具有开发主题性、纪念性、艺术性、实用性文创旅游商品的资源优势，通过精准的文化创意和精巧的艺术设计完全可以开发出具有巨大市场价值的旅游商品，为景区经营增加丰厚的收入。从旅游业发展趋势来看，以多业态发展为标志的服务经济模式正在取代以门票为标志的"门票经济"的主导地位。庐山必须积极地打破资源圈，顺应旅游市场变化，适时调整经营策略和产品体系，加快完成旅游发展模式的升级。

破地域圈——打破地域圈层，吸引更多游客近距离领略庐山魅力。山岳型景区的品牌塑造应该打破地理圈层限制，在发达地区乃至发达国家寻觅市场。要认识到以景区为中心，按100公里、200公里、300公里为半径把市场划分为核心市场、拓展市场、机会市场的思维已经过时。在开发时就要去吸引最有欲望的市场，不要低层次的无效宣传与建设，而要打造国际水平。庐山目前的客源地仍以省内和周边省份为主，探索打破传统山岳旅游的景点格局、打破行政地域分割、打破各项制约之路，是庐山打破地域圈层的关键。

破文化圈——打破文化和受众圈层，吸引更多游客近距离领略庐山文化。进入全民互联的"超连接"时代，"大众消费"群体正快速分化，在数字世界重组成为海量的"小众圈层"。在互联网的解构下，过去按照年龄代际、地域空间、生产组织组成的社会结构，在数字世界按照共同的兴趣、爱好、态度与价值观，重组聚合成新的社交和消费圈层，实现了真正的"人以群分，物以类聚"。圈层是消费主体基于相同爱好、共识与价值观主动集聚形成的，因此往往具有极强的内部统一性与共识——圈层文化。在这样一个圈层时代，山岳型景区的发展也从以观光为核心的"千山一面"，向以圈层为核心的"千山千面"发生转变。这就要求景区以游客需求为中心，进行更加专业化、精细化的平台运营，集聚多元社群，激发游客群体的热情，"众创"出一座具有多面魅力与多元活力的"网红"庐山。

三、山岳型观光景区庐山的转型思路

1. 基于人文历史体验的转型思路

深厚的文化积淀使得庐山的人文景观与自然景观相互映衬、交融，古建筑、宗教寺庙、名人墨迹、传说典故等文化形式丰富多彩，具有独特的风景魅力。庐山拥有世界级的自然景观和文化遗产，快餐式观光游览仅是享用了它一小部分的文化资源，绝大部分的资源精华被闲置和湮没。在基于人文历史体验的转型路线中，庐山人文历史资源的发掘、展示和利用应是重点，需要更新旅游利用历史文化资源的观念。庐山对历史文化资源的发掘利用，不是拿文化做旗帜、做招牌，或作为宣传促销的资料，而是要把文化之根深植于旅游土壤，尽量转化成为旅游竞争力和经济效益。要从庐山文化的连续性、创新性、统一性、包容性以及和平性等特征中深刻把握庐山历史文化的突出特性。充分利用庐山丰富的"山景、水景、天景、云景"等自然旅游资源，以及特色山地民俗、宗教文化、古人登高作诗传统和名人生活轨迹所形成的人文历史资源（图2.2），开发历史体验、文化体验等支持性旅游产品。围绕特定文化主题，针对特定文化受众，以特定文化旅游目的为主导，对相应类型的文旅资源进行跨空间线路整合，规划具体的历史文化旅游线路，打造具有深度人文历史体验的旅游产品。

图 2.2　陈寅恪墓

具体来说，人文历史体验下的庐山旅游是从核心旅游发展区域逐步向外围辐射，推进庐山由单一文化观光型景区向世界级旅游目的地转型。庐山可以通过深度挖掘文化资源，提高文化旅游开发层次，推动庐山景区由"走马观花"式旅游向"深度文化"体验旅游转型；摆脱传统的以依赖景区发展为主的模式，以庐山景区"深度文化"体验游为核心发展内容，向外围辐射，丰富旅游业态，扩展旅游发展区域，形成大庐山旅游发展格局。

2. 基于自然科考体验的转型思路

庐山本身就是一座内容丰富、景象万千的自然博物馆，自然资源十分丰富，包括地质地貌、气象、水景资源、动植物物种等。细分来看，地质地貌包含第四纪冰川遗迹、山峰、悬崖峭壁、峡谷、奇峰、化石等，具有雄、奇、险、秀等美学特征；在气象方面，有雨景、云雾景（云海、瀑布云、旗云等）、冰雪景、霞景、日出（落）、佛光等奇观，具有色彩美、动态美等特征；水景资源主要有江、河、湖、溪、瀑布、泉水、冰河和水库等，在形、影、声、色、奇等方面独具特色，尤以第四纪冰川遗迹、世界地质公园、庐山植物园、庐山博物馆等资源最为出名。利用这些资源，庐山可以开展观光、攀登、科考、探险等旅游活动，如利用地质地貌资源开发地质教育产品、依托林地开展生态教育。通过各类科普教育产品的开发，将山地旅游与自然教育紧密结合，融教育于游乐之中。

研学和营地教育是一种别样的塑造产品的能力。对于自然科考和研学教育来说，山岳型景区就是自然教育的天然宝库。各种石头构成了丰富的地质自然资源，山林花草、虫鱼百鸟、河流潭溪等万物皆可成为让小朋友们尖叫的场景、互动的设施。当用研学和营地教育的理念赋予山岳型景区"万有引力"时，山岳型景区即会呈现出缤纷的产品结构，对亲子客群形成持续吸引力。庐山可以用研学和营地教育的产品观，重构山岳型景区的产品结构，从单一景区的游览线产品方案，到"万物皆为学问、皆有趣味"；用常态化亲子产品，打通假期的客源需求；用多元和持续的服务型产品支撑品牌推广，建构品牌的有效上升路径。

3. 基于娱乐休闲体验的转型思路

随着旅游市场的发展，旅游模式已经从单纯的景观售卖、休闲服务提供，逐渐向生活方式售卖转变，生活体验旅游方式受到大众青睐。都市的快节奏生活人群亟需一些新鲜的内容来弥补日常生活中所缺失的部分。庐山应顺应这一趋势，通过全域统筹、全景打造、全时体验、全民共享的方式，因地制宜地发挥出庐山的资源特色和区位优势。重点打造娱乐和运动休闲，以"悠闲"文化为底蕴，将庐山从人文胜山、文化名山转型为休闲之山，进而塑造为追求"自然纯净、逍遥自在"生活方式的理想之山。此外，丰富的夜间旅游产品也是吸引游客，尤其是青年游客留宿的关键。目前许多景区都在打造夜间旅游产品，诸如彩灯街、篝火节、夜间演出和演艺、酒吧街等。庐山也可以借助灯光和现代技术将名山的夜间美也体现出来，让游客感受不同于白天的庐山。这既能延长游客停留时间，促进住宿、餐饮等相关消费，又能拓展景区产业链，提高游客人均消费，推动庐山旅游产业全面升级。

具体来说，庐山可以围绕山、江、湖构建大庐山的空间格局，利用景区外的度假村、休闲街区来满足游客的旅游需求。与此同时，庐山可以通过数旅融合，提升旅游便利化水平和服务质量，使庐山美誉度、游客满意度大大提升。此外，庐山还可以围绕食、住、行、游、购、娱六要素，形成独立的产业格局，并通过文旅融合、体旅融合、农旅融合，构建起新的发展方式。

4. 基于康养度假体验的转型思路

山地区别于其他类型旅游目的地的显著之处在于其优良的原生性生态环境，庐山也不例外。特殊而复杂的生态环境，让山地拥有清新的空气、宜人的气候、优美的景观、洁净的水体等各种类型的疗养度假资源。庐山是我国著名的避暑胜地，"人间四月芳菲尽，山寺桃花始盛开"，可见庐山气候的清凉。正是这种特殊的条件，使其成为全国著名的避暑胜地。基于这些资源，庐山可以开发具有健身、度假、疗养、保健等多种功能的康养度假旅游产品。以"山地＋"为核心，统领文化、度假、康养和生态领域，发展山地度假旅游，打造庐山国际旅游度假区，开创国际化旅居度假的山地旅游生活方式。

庐山在向康养度假转型时，产品打造需要秉持"做精品，做复合性的精品"的理念。不能仅仅让游客看山，还得提供住宿、设置体验性项目，从而留住游客，扩大山岳型景区的综合带动作用。具体而言，在设计山地休闲度假产品时，要结合庐山的客源市场，实现主题化、特色化和专业化。可以借助山地的自然条件，修建康体养生休闲景区，开展山间温泉、瑜伽、文化养生等活动；还可以设置一些户外运动项目，如徒步、漂流、露营、骑马、攀岩、山地摩托等。在配套设施建设方面，要做到与户外运动补充协调，如修建室内游泳池等。此外，还要建设与山地度假环境适配的度假山庄、主题酒店、民宿，布置休闲业态、购物街区，从不同方面满足游客的度假需求。

四、山岳型观光景区庐山的战略定位

1. 挖掘历史文化资源，构建文化与自然高度融合的示范地

庐山不仅以其壮丽的自然景观闻名，还蕴含着丰富的文化资源。在注重发掘自然景观的同时，庐山要充分展示其丰富的历史文化遗产，如白鹿洞书院、净土宗、庐山诗社、山岳信仰、文人墨客的足迹、历代皇室的行宫等享誉中外的优秀文化资源。通过挖掘和展示庐山独特的文化元素，打造传统文化 IP，彰显庐山文化魅力，将文化要素融入自然景观中，着力建设文化与自然高度融合的示范地。始终以文旅深度融合为中心，打造优质文化内容产品是世界级旅游目的地建设和可持续发展的关键。通过文化的传承和创新，结合当地的自然特色和旅游资源，打造独特的文化体验，吸引更多的游客。到 2025 年，通过文化与自然的融合，提供高质量文旅产品和服务，既能提供令人惊叹的自然美景，又能提供丰富多样的文化体验，培育形成一批独具庐山特色、具有中国气派和国际影响力的文化与自然创意产业模式品牌。

2. 立足大区域旅游发展格局，建设深度沉浸式体验目的地

庐山旅游要从单一模式向多元业态转变，从"做大"庐山向做"大庐山"转变。把握旅游发展新趋势，从游客需求出发，创造旅游集聚效应和消费热点，以全域景区化的思维推动基础配套升级、环境全面优化、产业迭代转型。到2028年，将庐山打造为"顶流"旅游休闲目的地、沉浸式体验目的地。在庐山景区内，依托其丰富的文化旅游资源，开发新景点、引进新项目、举办文化旅游活动，利用外部科技加深游客体验感，发展深度文化体验游。同时，逐步扩大旅游发展范围，在景区周边引进旅游项目，发展乡村旅游、研学旅游，构建大庐山旅游发展格局。此外，通过降低景区门票价格、加强旅游服务设施建设、做好旅游服务安全工作、建设旅游人才队伍等措施推进旅游服务向便捷化、高水平转型，为大庐山深度文化体验游提供良好的服务环境，构成庐山旅游转型发展的外部支持力。

3. 推进智慧旅游系统驱动转型，打造世界级文旅康养高地

将大数据、云计算等现代化的科技手段运用于建立庐山智慧旅游系统，包括庐山大数据系统、智慧物联网、环境监测机制、旅游监测平台、"智慧庐山"平台、新旧媒体平台等。充分利用智慧旅游系统优势，加大旅游产品供给、优化旅游生态环境、维护旅游秩序、升级游客行程体验、创新旅游营销方式。到2030年，通过智慧旅游系统，实现对庐山旅游品质的提升，将其转型打造为世界级文旅康养高地。具体来说，一方面，要加大加深对游客信息数据资源的整合和利用，分析游客的年龄、性别、来源地、偏好等信息，在对游客进行分类的基础上加大旅游供给侧改革，

开发多元化的旅游产品，满足不同类型游客的需求；另一方面，可以通过智慧平台提供包含门票预约、酒店、餐饮、租车导游、特色商品、定制旅游等在内的旅游服务，扫码入园、全网预订、分时预约等智慧化手段，能有效缓解游客排队买门票造成的入口拥堵问题，为游客提供"食、住、行、游、购、娱"一条龙的服务，大大减少游客花费在"寻找"上的时间，提升游客行程体验。同时，定制化的旅游服务改变了传统大众旅游"一刀切"的旅游服务现状，能有效根据游客的个性化需求给游客提供切实需要的旅游产品与服务，提升游客满意度。

第三章

山岳型观光景区庐山的转型方向

第一节 基于人文历史体验的转型方向

一、基于人文历史体验的转型路径

习近平总书记在 2023 年 6 月 2 日文化传承发展座谈会上提出"建设中华民族现代文明"的重大时代课题，同时强调中华优秀传统文化具有连续性、创新性、统一性、包容性、和平性的突出特性。作为人文圣山，庐山的历史文化发展脉络之中饱含中华优秀传统文化的五大特性。因此，庐山的人文历史转型可以从两方面着手：一方面，充分利用自身历史文化资源，开发独具特色的旅游产品和项目；另一方面，打造中华优秀传统文化的文旅载体，促进中华优秀传统文化的传承与传播。1996 年，联合国世界遗产委员会将庐山冠以"世界文化景观"并列入《世界遗产名录》，其鉴定意见表明："庐山的历史遗迹以其独特的方式融汇在具有突出价值的自然美之中，形成了具有重大美学价值的，与中华民族精神和文化生活紧密相连的文化景观。"这是对庐山人文历史价值的权威性评定，点明庐山文化在世界文化历史之中的特色和地位。若论在中国文化史上的影响力，可能国内众多名山都难以望其项背。可以说，庐山的人文资源是庐山旅游资源中的优势资源，是在国内旅游市场中竞争力极强的旅游资源。庐山的人文景观资源包括诗词文化、书院文化、别墅文化、宗教文化、红色文化、碑刻文化等，具体涉及各类人文遗址与遗存、石刻与碑刻、名人墓地、万国别墅、园林艺术、古籍与现当代重要历史档案文献等。因此，可基于庐山的人文历史特色和中华优秀传统文化的五大特性设计人文历史转型路径，具体如图 3.1 所示。

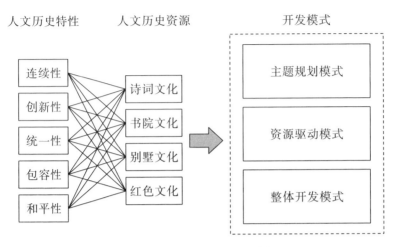

人文历史特性　　　　人文历史资源　　　　　　开发模式

连续性

创新性

统一性

包容性

和平性

诗词文化

书院文化

别墅文化

红色文化

主题规划模式

资源驱动模式

整体开发模式

图 3.1　人文历史路线转型路径

1. 基于文化连续性特征的转型路径

庐山的景观资源和文化特质十分突出，其文字记载可以追溯到距今约 3000 年前的西周时期。在《尚书》《竹书纪年》《史记》等古籍中，均有庐山的相关记载。早期的庐山文化以神仙传说为主，如匡裕兄弟"结庐"隐逸庐山、"李聃骑白驴入山炼丹"等。遍布庐山的约 200 座道观，以及一系列与道教大师相关的活动遗迹，正是道教历史文化的有力见证。从时间维度溯源，庐山以其奇特、秀丽的自然风光"留下智者的思考"。截止到民国时期，共有陶渊明、谢灵运、李白、白居易、苏轼、王安石等 3500 多位文人墨客登临庐山，品鉴山水，留下了 16000 多首赞颂庐山的诗词歌赋，此外还有众多游记、绘画等具有极高审美价值和历史价值的文化遗存。其中包括文化古迹 600 余处、摩崖石刻 900 余通、碑刻 300 多块。庐山也因此成为田园诗、山水画、山水诗的策源地。

2. 基于文化创新性特征的转型路径

创新性是中华文明源远流长的内生动力。近现代以来，庐山先后经历了传教士开发、政治接待、旅游发展三个阶段。1906年，庐山办有英美学校，后改办美国学校、法国学堂、英国学堂。书院教育、教会学校、现代学校教育共处一山，是当时教育融合创新的独特组合。庐山观音桥同样彰显着古人的创新智慧。这座单孔石拱桥已有一千多年历史，桥基立于东西两岸的悬崖上，下临深潭，历经千年风雨仍完好无损，是我国古代桥梁建筑工艺的珍贵遗产，古人赞其"神施鬼设""巧夺天工"。朱元璋立御碑于庐山之巅，敕封"庐岳"，与五岳同尊。徐霞客攀岩畅游庐山6天，留下《庐山游记》这篇"千古奇文"。1895年，英国传教士李德立开发牯岭，东西方文化在此交融碰撞，催生出了"一山六教"现象和"城市公园"雏形。国民政府时期，庐山作为"夏都"，见证了国共两党的第二次合作，推动形成了全面抗战和全民动员局面。绵延不绝的中华文明，始终以创新为支撑。无论是庐山文化内容的创新，还是文化实践的方法创新，都在一定程度上通过"更新迭代"推动着庐山历史文化不断向前发展。

3. 基于文化统一性特征的转型路径

"一座庐山，半部中国文化史"。庐山作为名山胜地，千百年来吸引着来自全国各地的游客和学者。这种地域间的文化汇聚，反映出中国文化的共同价值观和认同感。在庐山，人们跨越地域差异，共同领略自然之美、感受文化魅力，彰显了中华文明的统一性。这既体现在道教和佛教等不同宗教文化在庐山和谐共存、相互交融之中，也彰显在庐山人文山水的物象空间之中。它既承载着文人墨客的寄情写意的诗画文化，又沉淀着宗教文化，使庐山胜景成为山水诗吟诵与宗教信仰寄托的双重载体。

4. 基于文化包容性特征的转型路径

庐山文化的包容性可以追溯到以舟船为主要交通工具的古老年代。庐山地处长江中部、鄱阳湖进出要道，区位优势明显。从古至今，庐山文化的包容性发展可分为两个阶段：其一，近代以前，以佛学融合为核心。慧远主张"内外之道，可合而明"，将印度传入的佛教思想与中国的儒家、道家思想整合，推动佛教中国化；其二，近代以来，以基督教为代表的西方宗教文化在庐山促进了中西文明的碰撞。正是这种开放包容的胸襟，使庐山赢得"一山容六教，天下找不到"的美誉。著名学者胡适1928年实地考察后指出：慧远的东林寺代表佛教"中国化"的大趋势；白鹿洞书院象征宋学七百年的传承；牯岭则是西方文化输入的缩影。不仅如此，建筑文化更直观地体现庐山文化的包容性：仙人洞石雕与美庐穹顶共生，观音桥铭文镌刻中荷工匠协建史；1933年修复黄龙寺时兼用榫卯结构与德国钢构件。

5. 基于文化和平性特征的转型路径

中华文明的和平性突出反映了中国人的辩证思维。北宋理学家张载以"太和"描述中国人的认知思维。中华文明突出的和平性展现了一种看待自我和他者、本国与外国之间的思想观念。从历史文化与宗教发展的角度看，中国的宗教思想总的来讲富有宽容精神：佛教讲大慈大悲、众生平等；道教讲阴阳调和、和光同尘；儒家讲中庸、民胞物与。在现实实践之中，确实会因为观念不同而出现冲突和矛盾，"一山不容二教"的现象普遍存在。然而，庐山的宗教却是罕见的例外。庐山宗教中的儒、释、道发展历程，主流基本是一个共处共荣的过程。三教在庐山实现共处共荣，正是庐山文化融合留下的极为可贵的精神遗产，也体现了中华民族的可贵精神——"和合"精神。"和合"精神是中国传统文化精神中极具普遍性的基本精神之一，更是中华文化精神的精髓。

庐山现有的旅游线路按照景点的地理分布被划分为东线和西线等旅游线路，游客可根据自己的需求进行景点安排。目前庐山人文历史旅游资源主要是根据地理距离进行组合，现有的红色旅游资源（庐山别墅建筑群等）、自然山水资源（三叠泉、锦绣谷等）、诗词文化资源（白居易草堂等）已经较为成型。但是缺少主题性的旅游项目进行串联与规划，如红色文化资源挖掘不够、书院文化利用不到位、特色文化资源利用不充分的问题，尚未充分开发庐山的旅游资源潜能。

二、基于人文历史体验的重点项目转型

1. "品味庐山·诗意山水行"——诗词打卡项目

以文学爱好者、摄影爱好者为目标用户，庐山风景名胜区管理局开展了一系列关于庐山诗词与景观的研究工作，管理局依据《庐山历代诗词全集》，收集整理了从东汉建武元年至民国元年期间的以古体诗、近体诗、格律诗为代表的诗词作品。研究团队对庐山自然、人文两类景源诗词进行叠加研究，发现诗词中关于天地、山川的内容较多，其次是寺观、季节、自然、植被等内容。同时，研究团队还依扎古诗词网、国学大师网等平台爬取相关诗词文本数据作为补充资料。

根据诗词文本描述的空间对象一致性原则、景观空间类型和尺度空间丰富性原则，将诗词按朝代、历史事件、内容、情感等进行分类，建立元诗词数据库。结合时代特性选取景观高频词，解读诗词与景观、景观与时代之间的相互关系。通过文本分析软件对诗词进行情感分析，同时运用GIS对庐山景观进行可视化路线设计，以便更好地展现庐山景观与诗词的紧密联系，为文学爱

好者和摄影爱好者提供独特的游览视角与创作灵感。

2."书院为家·融合对话"——书院学术论坛项目

以学者、研究员、文化爱好者为目标用户,依托庐山书院文化进行资源驱动型旅游线路发展模式的建构。作为东方精神资源的宝库,书院可以为当代学术建设提供经验,重在学术创新、文化传承、社会担当。其中,学术创新既是书院的精神内核,也是书院千年不衰的根本原因;文化传承和社会担当使得学术创新同时具有历史与现实的视野,可以保证其在兼顾传统和现代的正确轨道上进行;同时,学术创新不仅来自东西方文化互鉴、发展、融合,更是人类社会进步的本质所在。

以白鹿洞书院为场所承办与文学、历史、文化相关的学术论坛与国际讲座。通过文化主题讲座与参与性活动等方式,依托庐山白鹿洞书院的文化资源和空间,来访学者、文化爱好者可以全方位地体验庐山书院文化。论坛和座谈会为专家与学者提供了针对共同议题(如庐山文化、书院文化、学术创新、教育方法等主题)交流的机会。图 3.2 为白鹿洞书院学规。

图 3.2　白鹿洞书院学规

3. "寻踪徐霞客"——庐山山水游记故事地图

以徒步旅游爱好者、文学爱好者为目标用户，根据徐霞客《游庐山日记》（共计 3198 字）进行游记故事地图设计。徐霞客在庐山的行程共计 6 日（1618 年 8 月 18 日至 1618 年 8 月 23 日），行程西起李裁缝堰、东至东林寺，横跨庐山大部分地区，可由此开辟多条旅游线路。山水游记在我国具有悠久历史，《小石潭记》《醉翁亭记》《徐霞客游记》等一系列游记佳作流传至今，详细介绍了旅行沿途的地理、水文、地质、植物、典故等信息。故事地图作为叙事学与地图学融合的产物，是一种以地理时空为基础，以一定的故事主题、脉络组织专题信息，表达故事（或事件）发生的起源、过程及其结果，并进一步传递主题情感的大众化地图形式。

下面根据《游庐山日记》归纳游踪、行程节点、游历情节，并根据时间主线、空间主线、主题主线进行故事地图的设计。首先，根据徐霞客的足迹实地探访并设计线路。其次，根据《游庐山日记》中的记载，设计打卡路线，将游客引领至徐霞客当年所到之处。游客可以从庐山大道的起点开启这段旅程，在起点处能看到徐霞客《游庐山日记》的摘录，由此踏上徐霞客的游历之路。在行程中，运用 VR/XR/MR 等技术，重现《游庐山日记》中所描述的景点，让游客身临其境地感受徐霞客当时的所见所闻。例如可以在徐霞客所登的山峰设置虚拟景点，让游客获得近乎亲临的体验。图 3.3 和图 3.4 分别为时间线路和空间线路。

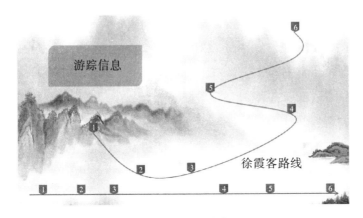

图 3.3　时间线路

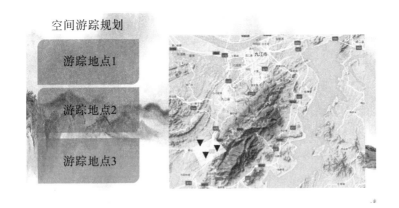

图 3.4　空间线路

4. "万国别墅·文博风华"——庐山别墅博物馆群

以博物馆爱好者、建筑爱好者、民国历史文化爱好者为目标用户，依托庐山万国别墅资源打造博物馆群，运用整体开发模式；依托文博、文旅、文创"三文"融合的发展路径打造庐山万国别墅的博物馆资源消费新场景。在万国别墅园本着"修旧如旧、最小干预、完全可逆"的原则，改造建设庐山演艺综合体、庐山文博展示综合体、庐山生活美学体验综合馆、庐山文创综合体、非遗文化体验项目等新型文旅消费体验综合场景。例如庐山演艺综合体，结合美式、英式、德式建筑，共同组成《曾几何时·庐山》的中西文化对话的沉浸式演出空间。在这些穿越历史风云的一砖一瓦、一草一木中，游客以行走式观看的方式，进入抗战时期关于家国情怀的动人故事中，打造游客博物馆和演艺文化打卡点。同时，依托庐山万国别墅资源，打造庐山爱情电影周、庐山文化论坛、庐山双年展、镇博会、中国意象美学榜样等一批具有影响力的活动 IP。具体而言，庐山"万国别墅·文博风华"需要联合旅游演艺公司、房地产开发公司等衔接别墅资源与旅游需求，以"文博"为产业发展推动力、"文创"为产业发展方向、"文旅"为产业市场根源，形成"三文"产业庐山别墅文博生态圈。

5. "人文圣山·寻脉庐山"——庐山人文历史常展

庐山见证了 19 世纪末至 20 世纪中叶的许多重要历史事件。清朝的最后几十年里，来自 17 个国家的约 2840 名传教士和商人前往庐山并定居下来。当时，为满足他们的居住需求，修建了许多别墅。20 世纪，庐山还见证了中国当代历史的许多关键时刻。在中华民国时期（1912—1949 年），它成为国民政府的夏季度假胜地，因此被称为"夏都"。在 1937 年夏季，周恩来两次访问庐山并与蒋介石进行谈判，他们建设性的对话促成了国共两党在对抗日本侵略中的史诗般合作，使中国成为世界上主要的反法西斯战场之一。庐山还分别于 1959 年、1961 年和 1970 年举小了中国共产党中央委员会的三次重要会议。1959 年和 1961 年，毛泽东主席分别创作了两首诗歌，致敬庐山的雄伟景色、悠久历史和丰富文化。

现如今游客可以参观修复后的白鹿洞书院、保存完好的名人故居以及庐山会议的旧址。中国人一直崇尚自然，热爱自然风景。历代文人前来欣赏庐山的美丽，汲取了当地自然之美的灵感，创作了大量宝贵的人文作品。与此同时，庐山还记录了中国的历史，见证了一代又一代人的奋斗历程。依托庐山作为人文圣山的历史脉络，按照时间轴的演进设计"人文圣山·寻脉庐山"的庐山人文历史展陈；依托庐山的别墅资源，设计展陈动线。

第二节 基于自然科考体验的转型方向

一、基于自然科考体验的转型路径

1. 基于自然科考的转型路径

庐山独特的气候条件造就了云海、瀑布云、雾、佛光等神奇多彩、变幻无穷的气象景观。它还拥有以第四纪冰川遗迹以及断块山与冰川侵蚀、流水侵蚀形成的复合地貌景观为主体，集雄奇、险峻、秀丽于一体的自然地质景观。在优越的自然环境之下，庐山野生动植物资源丰富，是江西省乃至整个南方生态最优越的地区之一。庐山本身就是一个内容丰富、景象万千的自然和人文博物馆，其丰富的自然资源是人类的知识宝库。利用庐山山地旅游资源可以开展各类科普教育旅游活动，如气象资源可进行气象知识科普教育、地质地貌资源可开发地质教育产品、动植物等生物资源可开展生态教育、作物种植区可开展农耕农事教育等。通过各类科普教育产品的开发，能将庐山山地旅游与自然教育紧密结合，融教育于游乐之中。同时，随着现代工业社会和旅游业的发展，越来越多的游客开始在环境秀美的野外开展各类实践运动，而山地正是进行实践、运动等活动的优良场所。游客既能感受庐山的独特景致，通过参与科考实践增长见识，又能在山地环境下进行攀登、探险、野外生存、户外拓展等极具挑战性和探索性的各类运动。

依托中国庐山·世界地质公园、庐山植物园、庐山森林公园、庐山气象站（或庐山气象景观公园）、环庐山山脚景区地带和庐山山顶牯岭镇等场地联合建设自然科考基地，充分发掘利用庐山作为山岳型观光景区所拥有的丰富且特有的气象、地质地貌、生物资源，达成山上山下自然科考互动一体，将地学、气象学、植物学、古生物学等核心自然科学领域通过山地科考实践串联互动、由点成面。图3.5为自然科考路线转型路径。

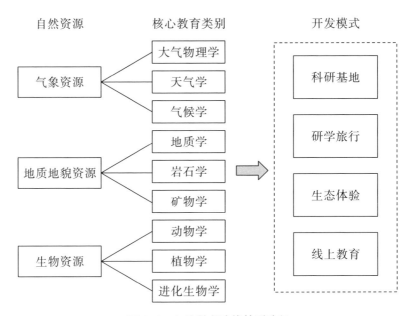

图 3.5　自然科考路线转型路径

2. 基于气象资源的转型路径

庐山地处长江中下游、鄱阳湖畔，属于我国亚热带东部季风区域，基带气候受到大范围气候的制约。山体平地突起，弧形独立，峰谷起伏，纵横延伸，又具有山地气候特点。独特的地理位置、地形特质和气候条件使得庐山拥有神奇多彩、变幻无穷的气象景观，是一座名副其实的气象景观名山。"黄云万里动风色，白波九道流雪山""庐山烟雨浙江潮"，古往今来，描写庐山气象景观的诗歌不胜枚举，2022 年，庐山更是被列入全国首批"天气气候景观观赏地"，寄托着中国人特有的山水情结。庐山拥有多样的气象景观，包括日月星光（日照松林、石门衔日、含鄱口日出、鄱湖烟云）、虹霞蜃景（三叠泉彩虹、大天池晚霞、佛光、蜃景）、气候景象（雨凇、雪凇、雾凇）、云雾景观（云海、云瀑、瀑布云）等。其中，云海、瀑布云、雾、佛光这几类气象最为著名，云海更是有"庐山云雾"之美称，气象观测资料显示，庐山云海年平均出现日数为 133.73 天，吸引了络绎不绝的中外游客慕名前来。庐山气象景观具有典型性、稀有性、重现性，观赏价值极高，并具有很高的科研价值。

3. 基于地质地貌资源的转型路径

庐山以典型的中国大陆东部山地第四纪冰川遗迹、地垒式断块山构造和变质核杂岩构造遗迹所构成的多成因复合地貌景观著称，2004 年被联合国教科文组织列入首批"世界地质公园"名单。庐山同时也是中国第四纪冰川地质学的诞生地，具有极高的科考价值。对于庐山第四纪冰川的研究，要追溯到 1931 年李四光教授及其学生在庐山的实习科考。之后，李四光教授陆续发表题为"扬子江流域之第四纪冰期"的演讲、出版科学专著《冰期之庐山》，使得庐山地质地貌的科研价值不断提升。此后，庐山陆续布设"第四纪冰川陈列室"、建设庐山地质博物馆、建设世界地质公园数据库、设立中国地质科学院科研基地等；同时与各大研究所合作，开展了一系列的科学研究，成为中国开展地质研究的重要场地，具备优良的科考实践基础。

4. 基于生物资源的转型路径

庐山森林覆盖率极高，拥有森林景观（亚热带常绿阔叶林、山地温带落叶阔叶混交林、山地温带落叶阔叶林、针叶混交林及灌木林）、古树名木景观［三宝树、公孙长老（银杏）、六朝松、六棵树、白果王（银杏）、迎客松、赣北罗汉王（罗汉松）］，植物达 210 个科、735 个属、1720 个种类，各类濒危珍稀植物达 44 科 57 属 97 种，是一座天然植物园。其中，庐山植物园更是我国保护植物资源整体战略的重要组成部分，是植物多样性迁地保育、植物资源可持续利用研究和科普教育的重要基地。除了丰富的植物资源，庐山更是动物的重要栖息地，庇护珍稀野生动物达 120 余种，昆虫种类超过 2000 种。

二、基于自然科考体验的重点转型项目

1. "庐山论道·百家争鸣"——自然科考基地

基于自然科考体验的转型是一个全面且系统的转型路径，其核心是丰富的自然资源、极高的科研价值，而关键即是科考的内容与质量、科研工作开展的充分与便利性。基于此，建设山上山下自然科考互动一体，地学、气象学、植物学、古生物学等核心自然科学能够串联互动、由点成面的科考平台成为重中之重。依托庐山现有的开展科研活动的场地，即世界地质公园、庐山植物园、庐山森林公园、庐山气象站（或庐山气象景观公园）等，联合建设打造自然科考基地。

基地能够为大学生、研究生及高等院校教师、研究员和高等院校团体提供进行学术研讨、科研实验、专业实践、住宿、餐饮和休闲的场所，便于在此基础上和高等院校建立长期合作关系，逐步形成成熟、稳定的高等院校科考行。同时，基地所具备的科研底蕴也能吸引游客，带动景区日常人流，解决山岳型景区淡旺季差异明显的问题。基地所形成的科考成果能在后期转化成研学、

科考实践行等产品中极具创造性和独特性的部分，提升庐山开展科考研学的竞争力。基地形成的科考成果、研究成果也能够留存在庐山，为庐山后续的生态保护和可持续发展提供智力支持。

基地作为一个多学科融合的研究平台，可以承办或策划系列主题论坛活动，如庐山地质科技创新论坛、庐山生物多样性研究论坛等分学科专业论坛；也可发挥综合平台的优势，打造庐山生态文明发展论坛，促进各学科之间的交流互鉴、融合发展。具体而言，可以设计为期五天的庐山生态文明研讨论坛，以"生态协调·共融创新"为主题举办学术创新专家论坛，以"观天、知地、通灵、共荣"为四个分论坛主题，分别涉及以气象学、地质学、生物学为代表的三类学科论坛，以及一个学科融合交流论坛。

2. "万千流转·瞬间美好"——气象留影项目

以摄影爱好者、徒步旅行爱好者、科普爱好者为目标用户，打造线上线下联合项目。在线上，应用气象观测及预报技术、影像技术，拍摄记录庐山不同景点及景区在晴天、雨天、雪天和雾天等不同天气情况下的自然景象，尤其是在不同天气情况下形成的气象景观，如云海（见图3.6）、云瀑布、佛光（见图3.7）、雾凇、雨凇等。将拍摄素材剪辑成专题小片，并在短片结尾邀请专家就相关气象景观的形成原因、出现时间、特点等进行科普讲解。这样一来，既能吸引游客关注，弥补因气象景观的不确定性所带来的旅行遗憾，让游客能够借助网络实现在短时间内遍览美景；又能传播气象知识，实现科普教育功能。同时，利用虚拟数字技术设置VR体验，如在自然主题展馆中设置自然专题VR体验之旅的产品，并在线上网络平台提供在线VR体验功能，满足那些想要实地体验却受到限制的群体的游览体验需求。

图 3.6　庐山云海气象景观

图 3.7　庐山佛光气象景观

在线下，围绕庐山的气象景观规划山地气象风光摄影线路，可以分为经典气象奇观线路和四季不同气象景观的线路，将气象景观打造为山地气象风光摄影地标，并通过摄影线路串联起来。每个摄影地标处设置科普打卡点，游客可以在此借助电子互动屏了解相关气象知识，也可以参与打卡点处的科普知识游戏（竞赛），获得小礼品或电子奖章。这样能以摄影带动庐山整体平均的人流量，解决山岳型景区季节性旅游客流量差异大的问题。同时，摄影打卡地标的设置能增加人流量较少的景点、景区热度，平衡各大景点景区的人流量，增加庐山整体的创收。科普知识打卡点的设置也增加了游览的知识性、趣味性，能充分发挥优势、提高竞争力、打造独特性。

3. "潜精研思·寓教于乐"——地质科考研学

地质科考研学路线主要围绕高等院校的各专业学科、中小学生群体展开。围绕庐山的自然资源打造地质学、矿学、气象学、天文学、植物学、古生物学等自然科考路线，重点在于契合专业学科的科学性和研究性，既能满足高校自然科学实地考察并进行实验的需求，也能起到中小学生群体科学启蒙、兴趣培养的作用。

基于此，依托庐山丰富的地质资源可以设计相关自然科考研学路线，具体就地质学专业路线展开（线路设计来自中国庐山·世界地质公园推荐地质科考路线）。图 3.8 为庐山世界地质公园标识，图 3.9 为庐山第四纪冰川遗迹"冰桌"。

图 3.8 庐山世界地质公园标识

图 3.9 庐山第四纪冰川遗迹"冰桌"

　　具体呈现形式需结合庐山智慧旅游资源，依托手机小程序，
包含线路简介（重要研究点介绍、科普知识视频）、路线预览（地
图、路线与经典选择）、研究点相关研究进展（专家解读、原理）

等子页面。在线路实践过程中，游客可通过小程序进行互动，同时在现实景观之中设计 AR 互动实验，完成线路各研究点实验的游客能够获得对应的积分。积分可用来兑换文创产品，系统还将进行积分排行，月度积分靠前的游客可以受邀参加相关学科讲座、论坛，与专家学者进行面对面交流。此项目需要相关专业科研人员提供知识支撑，并联合小程序设计公司和创意设计公司，对小程序开发与实景互动场地进行设计与落地。

4. "绿野仙踪·生物天地"——生态体验项目

针对不同年龄段的学生打造生态实践活动，既有针对爱好植物学的学生群体开展的植物观赏实践（为期 3~5 天、7~15 天不等的长短期植物观赏实践）、针对爱好动物学的学生群体开展的动物观察实践，也有针对所有群体的生态农业体验实践。

具体而言，植物观赏实践以庐山植物园为主要活动场地，按松柏区→树木园→岩石园→国际友谊杜鹃园→温室区顺序进行实践。全程安排志愿者进行知识讲解、研学老师进行实践活动组织。在松柏区可开展"对比看不同"小竞赛，组织参与者分组辨别不同品种的松柏，如美国花旗松、日本冷杉、丽江云杉、金钱松等。在树木园学习科学观察植物，利用各种观察工具，描述并记录珍稀物种特征。在岩石园了解植物如何在岩石中生长，并学会辨认部分药用植物、了解功效。在国际友谊杜鹃园进行标本制作实践，捡拾落花制作植物标本。在温室区开展植物知识问答，了解热带特有植物的生长地和相关知识。图 3.10 为庐山植物园景观，图 3.11 为庐山植物园杜鹃花。

图 3.10 庐山植物园景观

图 3.11 庐山植物园杜鹃花

第三节　基于休闲娱乐体验的转型方向

一、基于休闲娱乐体验的转型路径

休闲娱乐板块按照"由面及线到点"的串联路径规划项目："由面"，对接顶层设计的要求，规划依照"休闲""娱乐"两个方向进行；"及线"，根据现阶段大众旅游发展趋势和庐山客流情况（以青少年和中老年为主），描绘不同群体休闲娱乐需求画像；"到点"，结合庐山资源规划具体休闲娱乐项目。

1. 休闲娱乐项目转型升级目标

"十四五"期间，我国全面进入大众旅游时代，人民群众的消费需求从低层次向高品质和多样化转变，由注重观光向兼顾观光和休闲度假转变。《国民旅游休闲发展纲要（2022—2030年）》指出"规划建设环城市休闲度假带""以社区为中心打造休闲生活圈""发展新兴休闲业态""开发数字化文旅消费新场景"等系列具体举措，有助于进一步激发旅游休闲发展的内生动力。

根据"世界级旅游休闲目的地山岳型观光景区转型升级"的规划目标，"世界级"要求世界级规划、世界级产品、世界级产业。具体到休闲娱乐板块，"世界级"要求开发设计一部分世界级的产品组合，突出差异化、个性化、多元化，项目规划内容适配世界游客群体，服务品质对标国际标准。作为载体，"旅游休闲目的地"旨在更好地满足人民群众美好生活的需要。剖析"休闲"二字，从时间维度来说，是指与正常工作时间相对的可自由支配时间；从生存状态维度来说，是指不需要考虑生存问题的心无羁绊的状态；从心理状态维度来说，是指以放松、愉悦、发展等为目的的心理状态；具体到活动维度，则指一系列在尽到职业、家庭与社会责任之后，让自由意志得以尽情发挥的事情。综上所述，规划认为，休闲是"人们在可自由支配时间里为了放松身心、激发潜能所从事的物理或精神层面的活动"。这要求休闲娱乐项目规划需要考虑游客的可自由支配时间，做到"短期可以玩，长期有得玩"，休闲形式多元化，休闲内容沉浸式。此外，除了传统的山岳型观光景区共有的休闲娱乐模式，规划目标要求挖掘庐山特有的休闲娱乐形式，继而扩展特色精品度假。"转型升级"的最终目标是做到存量提质。

2. 休闲娱乐项目市场需求画像

（1）休闲类（倡导山系生活）

依据《纲要》中"规划建设环城市休闲度假带""以社区为中心打造休闲生活圈""发展新兴休闲业态"的具体举措，休闲类项目规划强调"全民休闲"。规划设计在客源范围上涵盖庐山当地省市及其周边，年龄结构上涵盖青少年、中老年，内容规划上以动静态进行分类。结合庐山现有的可开发资源，规划 2 个重点。具体休闲项目见表 3.1。

表 3.1　休闲项目定位

休闲类	静态休闲项目	动态休闲项目
项目	"一起去露营"野奢露营区 & "云雾观影"系列活动	"Cooling Street"小镇 艺术休闲街区
定位	重点	重点
休闲时间	过夜游	当天
消费层次	大众、中端	大众
人数构成	个人、团体（家庭）	

（2）娱乐类（主推极致体验）

娱乐类项目目标受众以青少年为主，市场需求画像主要依托休闲时间、消费层次、人数构成三个维度生成，其中休闲时间强调游客停留时间长短，消费层次涵盖大众和中高端，人数构成包括个人、团体（家庭）、集体。结合庐山现有的可开发资源，规划一重点一配套。具体娱乐项目见表3.2。

表3.2　娱乐项目定位

娱乐类	沉浸体验系列	美照打卡系列
项目	实景沉浸式剧本杀《庐山夜话》	影视（综艺）取景地
定位	重点	配套
休闲时间	两天一夜、当天	当天
消费层次	大众、中端	大众
人数构成	个人、团体（家庭）	个人、团体（家庭）

（3）综合类

节事类项目具备较强综合性，可串联娱乐、休闲板块，因此可以打造庐山"悠悠节"，以"撒欢山水之间"为主题，每年定期举办。具体综合项目见表3.3。

表3.3　综合项目定位

综合类	
项目	庐山"悠悠节"
定位	重点
休闲时间	过夜游
消费层次	大众、中端
人数构成	个人、团体（家庭）、集体

3. 休闲娱乐项目总体开发逻辑

休闲娱乐项目总体开发按照"娱乐休闲业态—可用资源—创

意项目—开发模式"的逻辑进行，如图 3.12 所示。本部分共包含 4 个重点项目，分别是实景沉浸式剧本杀《庐山夜话》、"Cooling Street"小镇艺术休闲街区、"一起去露营"野奢露营区 & "云雾观影"系列活动、庐山"悠悠节"。

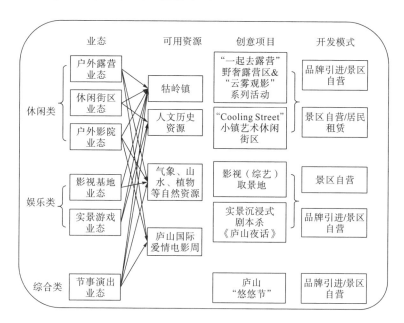

图 3.12　休闲娱乐项目总体开发逻辑

二、基于休闲娱乐体验的重点转型项目

1. "一起去露营"——云雾观影活动

依托庐山自然环境的优势，通过引入露营品牌进行委托管理、提供场地进行收租等方式在合适的地点开辟野奢露营区，露营形式包括房车营地、自搭帐篷（固定帐篷），对接国际标准，配备软硬件基础配套设施、专人管理服务团队、系列游乐活动。营地可额外提供租赁帐篷、露营装备等服务，房车营地可进一步满足中高

端及以上露营群体的需求。具体而言，本项目通过"一大主题+三大活动亮点+N 场活动"进行项目的活动铺排。通过线上线下宣传营造不同季节限定的露营主题（或者采取预报名的方式，依托智慧景区建设描绘露营游客画像，动态组合露营活动），比如春·露营家族集会（吸引家庭游）、夏·户外约会季（吸引较年轻的情侣）、秋·独处时光（吸引背包客、个体游）、冬·漫长岁月（吸引专业的露营爱好者、冬季露营爱好者）。在游乐活动方面，露营活动以晚风·夜空帐篷节为主线，开展搭帐篷比赛、帐篷彩绘等项目，借助草地 PUB、林间放映厅（露天电影会）、民谣弹唱三大亮点，以及（江西）非遗展示（展演）、生活美学集市、真人俄罗斯方块等丰富多彩的活动形式进行活动铺排，让游客们沉浸在自然、惬意、快乐的环境中。此外，配置时尚新颖的门头、布置打卡区烘托活动氛围，以供上传网络，达到口碑传播、蓄客带新的作用。

◇露营地参考案例：莫干山喜心野奢营地；成都小绿球大地艺术营地

◇露天电影院参考案例：墨尔本花园电影院；悉尼山顶电影院

2. "Cooling Street"——艺术休闲街区

依托牯岭正街周围居民区内街道进行选址，开发创建小镇艺术休闲街区"Cooling Street",街区整体氛围以"悠然生活,潮酷青年"为主。在街区内的阶梯、路边、墙壁、井盖、燃气管等显眼区域,邀请知名艺术家、艺术新秀(通过发起互联网票选,预热宣传该项目,实现与网民共创)、当地居民(开展社区共创)等一起参与,创作壁画、雕塑、打卡区等。壁画内容融合庐山人文历史、故事传说、自然资源等元素,表现形式兼顾中西风格,以此体现庐山文化的连续性、包容性、创新性。比如,在内容呈现上,运用油画、水墨画这两种中、西式手法展现庐山植物园特有的植物,并根据其特性命名"花语"。依托小程序嵌入相关功能,游客可找寻并打卡属于自己的代表性植物,生成3D虚拟植物,满足当下大众旅游追求个性化、独特化、差异化的需求;同时,游客可自主选择是否领养该植物,选择领养的游客可即时获取一款庐山独有植物系列文创产品,并可通过后期领养天数换取对应激励。此外,卡通形象以其独特的艺术魅力深受广大消费者喜爱。打造庐山品牌卡通形象,将为品牌宣传及传播提供新的形式。在内容创作方面,还可开发陶渊明、李白等IP卡通形象。

◇参考案例:韩国骆山公园梨花壁画村

3.《庐山夜话》——实景沉浸式剧本杀

以牯岭街区某路段为区域范围（考虑可游玩面积和搜证区域，可从牯岭街适当向居民区延伸），选取路段中间的某一建筑（如老别墅、老字号）作为核心，结合当地人文历史、传说故事、建筑群落、老物件等元素，打造庐山探案剧本《庐山夜话》。该剧本杀设计为两天一夜的特色化体验项目，注重IP营造。整体氛围以某一特定朝代（时代）为大背景来打造，每位玩家的服装均手工定制，力求还原历史风貌。场景布置可结合现代科技手段，增强沉浸式体验感。玩家全程拍照取证的工具采用平板电脑，方便快捷且便于后续分享。选取地点可提供食宿服务，餐饮安排在庐山老字号，为玩家提供当地特色美食。打造这样的剧本杀项目，旨在盘活庐山夜经济，增加游客停留时间，丰富游客的深层次体验，营造出"山上两日，山下梦萦"的独特感受。同时，线上剧本杀（通过小程序、App）以及实体书籍同步开展，满足不同受众群体的需求。

◇参考案例：江西上饶望仙谷景区"文旅＋剧本杀"；岭南金融博物馆"博物馆＋剧本杀"；成都青城山旅游区"民宿＋剧本杀"壹点探案

4. "庐山悠悠节"——大型节庆活动

山地景区节事的打造使更多爱好户外、探险、音乐的朋友拥有一场山野间的聚会,在自然深处循序渐进地找寻山野的味道。以芦林湖及其沿岸为主要区域,依托品牌主导、景区支持等,在水域开设深水抱石(攀岩)、皮划艇、竹筏、闯关等系列水上探险活动,在沿岸陆地开设露营、露天音乐节、露天电影院等配套活动。为保有山地休闲特色,选取沿线可达徒步探险活动路线。此外,提供节事专项斑驳车,供游客前往其他休闲娱乐项目,进一步丰富游客的参与体验。

徒步探险活动路线分为趣味游戏路线与沉浸式徒步路线。其中,趣味游戏路线路段较为平坦,沿线设置障碍游戏。选取该路线的游客可通过闯关集卡获取勋章,并根据不同的进度赢得不同奖品(庐山与运动品牌联名款或者相关文创产品)。障碍游戏可设置"时光游戏隧道",选取不同年代的童年经典游戏,设置关卡,通过家庭团体、随机结伴合作完成,如玻璃球、陀螺、123 木头人、跳绳、抓石子、踢毽子、拼图积木、多米诺骨牌等。沉浸式徒步路线则适合有一定户外运动基础的人员。

◇山地节事参考案例:阳朔 TNF 山地节

◇音乐节参考案例:草莓音乐节;迷笛音乐节

第四节　基于度假康养体验的转型方向

一、基于度假康养体验的转型路径

1. 度假康养项目转型升级目标

习近平总书记在全国卫生与健康大会上发表重要讲话，强调要把人民健康放在优先发展的战略地位，以普及健康生活、优化健康服务、完善健康保障、建设健康环境、发展健康产业为重点，加快推进健康中国建设，努力全方位、全周期保障人民健康，为实现"两个一百年"奋斗目标、实现中华民族伟大复兴的中国梦打下坚实健康基础。庐山基于度假康养体验的转型路径与习近平总书记对健康产业发展的要求一致，以"健康生活、健康服务、健康保障、健康环境、健康产业"为依据进行庐山的度假康养产业转型升级。《国民旅游休闲发展纲要（2022—2030年)》提出10项重点任务，包括优化全国年节和法定节假日时间分布格局、规划建设环城市休闲度假带、以社区为中心打造休闲生活圈、完善休闲服务设施、发展新兴休闲业态、实施旅游休闲高品质服务行动、开发数字化文旅消费新场景等一系列具体举措，进一步激发旅游休闲发展内生动力。

2. 度假康养项目开发模式选择

庐山基于度假康养体验的转型升级的路径重点即营造度假康养生活氛围、提供度假康养服务、发展新兴度假康养业态、开发文旅消费新场景。《2020年中国康养产业发展报告》（以下简称

《报告》）进一步指出，中国康养产业格局呈现以各区域康养资源为基础，康养旅居、运动、疗愈、研学等业态向资源依附聚集，进而因地制宜地延伸出多种产品组合，开发符合多方面康养功能的综合性项目。《报告》将中国康养产业业态划分为旅居业态、运动业态、疗愈业态和研学业态，并将开发模式划分为健康主题植入模式和资源驱动模式。健康主题植入模式主要针对康养度假资源不突出的区域，引入产业功能，强化康养度假主题；资源驱动模式以度假康养资源为核心吸引游客，依据资源特点开发多种类产品。《健康中国行动（2019—2030 年）》进一步将全民健身、心理健康促进、健康环境促进、老年健康促进、慢性病防治作为主要的专项行动。

3. 度假康养项目总体开发逻辑

基于此，庐山基于度假康养体验的转型升级以资源驱动模式为主线，突出"养身、养气、养心"。总体而言，以"健康生活、健康服务、健康保障、健康环境、健康产业"为核心逻辑，基于庐山的气候资源、温泉资源、森林资源、瀑布资源、中医药资源、禅宗资源和别墅资源，打造四大度假康养业态，分别是避暑康养、温泉度假、森林康养和文博康养业态。图 3.13 为度假康养路线转型路径。

度假康养转型依据　　度假康养业态　　度假康养资源　　核心机构支撑

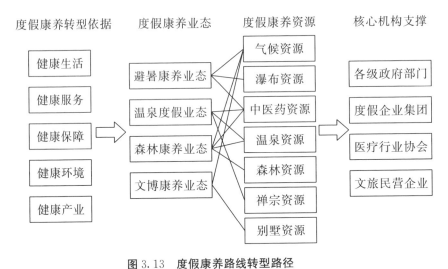

图 3.13　度假康养路线转型路径

二、基于度假康养体验的重点转型项目

1. 避暑康养基地——避暑康养业态

庐山基于度假康养体验的转型升级以有度假康养需求的健康和亚健康中老年人群为目标客群。以"健康生活"和"健康环境"为核心逻辑，以庐山的避暑气候、森林、瀑布、中医药资源为基础，开发避暑康养业态，提供具有庐山特色的避暑气候康养项目，为心理压力过大、骨质疏松、高血压、心脏康复等慢性病人群提供气候自然康养服务，打造庐山的"候鸟式居住＋避暑气候调理"品牌，建设具有静态疗养、健康管理、运动休闲功能的避暑康养基地，突出避暑气候康养的特色优势。

避暑康养基地的核心项目为气候地形自然康养，由学习过自然疗法的现代医生来主导，气候疗法师协助执行。气候地形自然康养项目基于庐山自然资源和气候资源，提供集避暑气候旅居、森林健身康体步道、水岸休憩区域于一体的动静结合康养项目。

避暑康养基地的疗愈项目由专业医生对健康和亚健康群体的身体状况进行个性化评估，开具针对性的气候自然治疗处方，治疗周期为3周，形成以"候鸟式居住＋自然气候调理"为主的避暑康养业态。气候自然治疗处方每周安排3～4次外出徒步、观景活动，每次户外亲近自然活动的时间控制在30～60分钟，消耗能量控制在100～200卡，隔周由专业医生重新评估客群身体状况和心理状况的变化情况，灵活更新气候自然治疗处方。

徒步训练动养与冥想瑜伽静养相结合，满足中老年群体的度假康养需求。徒步训练动养配套设施方面，围绕白鹿洞书院和周边森林，设置总长度达30km的多场景、多疗效的森林步道，为疗养者提供体验丰富的多样场地。森林步道分间隔设置疗愈功能教育场地（设置在步道入口处）、运动场地（设置八段锦等运动的展示牌）、休憩场地、了解森林功能的场地、认识庐山历史文化的场地、感受森林植物香味的场地、光脚体验的场地（100m左右）、接触泉水或溪流的场地（手部浴及脚部浴）、体验药草疗法的植物治愈场地、介绍营养摄入方法的卡路里步道以及动物群落集聚场地。

水岸静养配套设施方面，设置一系列亲水设施，让中老年群体亲水，通过水岸疗养巩固提升康养效果。可以依托秀峰龙潭以及桃花源景区，选取河流、湖泊沿岸的开阔地带，打造亲水步道和亲水平台等，为人们提供进行水岸深呼吸的空间，营造宜人的水气候，实现水岸健康理疗的效果。另外，可以在水岸边设置平台或小广场，为喜欢晨练、晚练的中老年群体提供智能健身坪，方便其跳广场舞或打太极。最后，庐山应积极推动气候地形疗法纳入地方医保体系。需要进行康复或治疗的群体，经过医生开具处方，到医疗机构指定的疗养地疗养可获得医保报销，进一步推动地方康养服务的发展。

2. 温泉度假片区——温泉度假业态

庐山基于温泉度假体验的转型以高端度假消费群体为目标客群，以"健康保障"和"健康产业"为核心逻辑，依托庐山温泉资源、中医药资源、佛教文化，打造"原乡野奢＋高奢理疗"的核心温泉度假品牌，引进国内顶级酒店温泉品牌串点成线，打造庐山温泉高端度假片区。

庐山温泉度假片区打造时，引进国内顶级酒店温泉品牌（如柏联、禅驿），立足"温泉资源＋隐逸文化"，打造温泉观光、体验、康疗和产业产品，同时串联庐山现有的温泉项目，形成温泉产业集群，延伸发展健康度假产业，凸显高端度假康养功能。成立温泉度假康养协会，鼓励支持社会健康管理、康复、养生机构等非政府组织参与度假康养产业发展。加快制定温泉度假康养行业标准，规范度假康养服务内容及流程，加强行业准入和监管。尽快建立温泉疗养师培养和认证制度，加快专业人员培养和培训。通过举办文艺演出、温泉音乐节、温泉文化论坛及研讨会等文化活动，推动温泉度假康养品牌建设和推广。加强精细化管理，提升服务人员素质和水平，提升温泉度假康养服务体验。

温泉度假片区包括"原乡野奢"度假营地、高奢温泉理疗场馆以及度假商娱活力小镇。野奢度假区以分时度假和长时度假为主，结合森林保护区、绿色河流等生态资源，打造以隐逸文化为特色的"原乡野奢"度假营地，规划营地度假区和禅意冥想区。营地度假区突出自然和地方文化叙事，打造生态度假营地，建筑由外到内均模仿周围环境中自然图案的纹理，每个帐篷的空间都满足人类寻求避世、神秘和刺激的自然愿望。帐篷隐藏在森林中，均设置在不同的自然美景最佳观赏点。

生态度假营地提供定制疗愈服务，如声音疗法、日落仪式、夜间森林浴，以及各类冥想空间，如水疗舱、桑拿屋、水域冥想场所。禅意冥想区以禅佛意识和禅佛元素为核心，打造温泉景园。汤池环境以营造禅佛境界为主，作为物质化的精神休闲空间。引导"汤客"在温泉沐浴中唤醒虚空感悟，进入禅意境界，从而达到心灵的放松、慰藉和皈依感。同时，禅意温泉景园可以与寺庙合作，提供"寺庙禅修、温泉疗愈"的体验项目。寺庙提供禅修活动，如禅茶、传心灯、抄佛经、禅棋、禅坐、禅武太极、书法练习等。温泉景园提供温泉疗愈服务，融合禅学和温泉养生理念。高奢温泉理疗场馆以氡功效研发为突破，提供高端温泉康疗服务。设置健康管理中心和多个主题的康养理疗场馆，提供慢病康养调理、亚健康康养、抗衰老、美容养颜、产妇瘦身等高端定制化温泉康疗服务。参照理疗热矿泉水水质标准和温泉旅游行业标准对温泉泉质进行划分，通过地质资源和水资源确定泉质等级，挖掘温泉的泡汤和饮用康养功效。图 3.14 为温泉原乡野奢度假片区示意图。

图 3.14　温泉原乡野奢度假片区示意图

3. 森林康养基地——森林康养业态

庐山基于森林康养体验的转型以呼吸系统疾病患者、心脑血管疾病患者、身体及心理亚健康人群为目标客群，以"健康服务"和"健康环境"为核心逻辑，依托庐山森林资源、中医药资源、温泉资源和气候资源，建设以"森林健康管理"为核心品牌的森林康养基地。

森林康养基地重点提供健康管理和身心疗养。依托庐山森林资源，联合医疗机构打造森林康复医院。针对呼吸系统疾病和心脑血管疾病患者，提供森林漫步、芳香疗法、作业疗法、森林体操、森林呼吸法、心理疏导等疗养。针对应激障碍、抑郁症等心理疾病患者以及心理亚健康人群，以森林康养基地为依托，优化配置医疗卫生资源，鼓励心理医生、保健养生专业人员到森林中开展健康管理服务。

将庐山道地药材开发和森林中医药保健作为森林康养基地的特色保健项目。培育和发展以车前子、黄栀子、樟树吴茱萸、清江枳壳（俗称"三子一壳"）为特色的医药产业和康养食品产业。建设一批中草药繁育种植基地，加强道地药材研发、生产和加工，加快森林生态医药产业基地建设。支持个体经营结合森林资源，设置中医医疗机构、中医经络按摩馆、太极运动馆等，开展中医特色治疗、康复理疗、针灸推拿、药膳等项目，提升森林中医药保健服务水平。

政府开展区域整体性的森林康养产业主题宣传和营销推广工作，实施森林康养品牌战略，将森林康养资源和课程品牌化，构建全省森林康养品牌体系，建设一套完善的品牌形象识别系统，打造错季区域性特色森林康养产品。

第五节 国内外山岳型观光景区的转型案例

一、人文历史转型路线——尼泊尔加德满都谷地 & 中国泰山

1. 尼泊尔加德满都谷地

（1）基本情况

加德满都位于喜马拉雅山南坡山麓河谷，海拔约 1370 米，处于喜马拉雅山冰川融化水形成的伯格马蒂河和比欣马蒂河两条河交汇处。加德满都杜巴广场是这里的主要景点之一，它曾是老城的中心，拥有众多狭窄的中世纪街道，城镇活动在此繁荣发展。在广场周围分布着包括哈努曼多卡宫在内的宫殿建筑群，哈努曼多卡宫是尼泊尔现存历史遗迹中规模最大、艺术收藏最丰富的宫殿。这里的三座博物馆向游客展示了尼泊尔的传统习俗、印度教和佛教如何交融形成了尼泊尔的文化和信仰。因此，加德满都谷地不仅是印度教和佛教信徒的朝拜圣地，也是极具观赏游览价值的旅游胜地，在尼泊尔的山地旅游发展中发挥着不可替代的重要作用，如图 3.15 所示。

图 3.15　**加德满都谷地**

　　然而，早期的加德满都谷地的旅游发展面临着一些挑战。尽管该地区吸引了一部分对文化和历史有浓厚兴趣的游客，但由于传统的旅游业态比较单一，主要以观光游览和少量文化体验为主，无法充分挖掘和展示这里丰富的文化资源。此外，加德满都谷地的旅游业也面临着管理和协调不足的问题，导致旅游产品和服务的质量和多样性受到限制。这一情况使得加德满都谷地的潜力未能得到充分发挥。

　　（2）转型措施及成效

　　为了应对上述问题，尼泊尔采取了一系列转型措施，将加德满都谷地从传统的观光旅游目的地转型为更具文化历史体验价值的旅游胜地。尼泊尔重点发掘、展示和利用了加德满都谷地的历史文化资源，不再仅仅满足于游客的表面观光，而是提供更深度的文化体验。这包括开发新的文化景点、举办文化活动以及建设博物馆等，让游客更深入地了解尼泊尔的文化和历史。此外，尼泊尔还积极将当地社区纳入山地旅游市场，充分利用当地民俗文化，使游客有机会与当地居民互动，进一步丰富了文化体验。这些努力产生了显著的成效，加德满都谷地的游客人数不断增加，特别是那些寻求更深度文化体验的游客。旅游业的多样性也得到了提升，各种文化体验产品和服务的推出进一步吸引了游客。尼泊尔的山地旅游转型模式为其他山岳型观光景区提供了宝贵的经验，强调了深度文化体验在旅游转型中的关键作用。

二、中国泰山

（1）基本情况

五千多年来，泰山在中国历史文化典籍中多有记载，备受历史名人赞誉，浓厚的历史文化气息使其成为中华历史文化的一面旗帜。作为中国的文化名山，泰山一直以来吸引着大量游客前来朝拜和观光。它以雄伟的山峰、古老的文化传承和悠久的历史而闻名于世。改革开放后，国内的旅游业首先在接待国际游客的过程中逐步发展起来。当时国际游客对中国的山岳缺乏热情，但随后兴起的国内旅游却把大量游客带到了泰山，在这一时期被开发成旅游对象的山岳中，泰山的级别高、知名度大、吸引力强，因此在山岳旅游中形成了典型的卖方市场，泰山也得益于此取得了巨大成功。

进入 21 世纪后，供需矛盾发生逆转，大量的山岳型旅游地被开发出来，其他类型的旅游形式，如主题公园旅游、民俗旅游等也占据了部分旅游市场。另外，游客的旅游需求呈现出多元化倾向。泰山的旅游淡旺季差异过大，游客人均消费水平偏低，导致泰山景区的旅游经济效益偏低。泰山的旅游业主要依赖传统的观光游览。游客往往只停留在主要景点，如泰山主峰，而对于更丰富的文化体验和多样的旅游产品了解有限。游客的行程通常较为单一，深入了解泰山历史和文化的机会较少。此外，景区的服务设施和旅游管理亟须改进，游客面临导览不清晰、交通拥堵和安

全隐患等问题，这些因素影响了游客的整体体验。

（2）转型措施及成效

为了推动泰山的旅游转型，泰安市采取了一系列措施。2004年，泰山旅游集团公司成立，改变了泰山单一政府管理的模式，向"政府＋企业"管理模式转型，使泰山形成了初步综合管理模式。自此，泰山走上了一条科学、高效的旅游转型发展道路。2010年以后，泰山方特主题乐园、花样年华景区、天颐湖度假区等旅游项目纷纷落地，与泰山景区相辅相成。泰山旅游格局发生改变，由观光旅游向观光休闲度假旅游转变、由依赖泰山发展向依靠泰山多点联动转变、由单一发展向文旅融合转变。2019年，泰山风景区管理委员会下设旅游处和泰山景区综合行政执法局，前者负责泰山旅游管理、营销、宣传、服务质量监管工作，后者负责行使行政处罚权和行政强制措施权，二者共同促使泰山综合管理体系形成。此外，泰山风景区管理委员会还积极推进"五大工程"（泰山安全、泰山文化、泰山旅游、泰山产业、乡村振兴），对加深泰山文化资源挖掘、摆脱门票依赖、提升旅游服务质量作出了一定要求。

二、科考研学转型路线——瑞士少女峰 & 中国张掖丹霞地质公园

1. 瑞士少女峰

（1）基本情况

瑞士少女峰是世界上著名的山峰之一，以其壮丽的冰雪景观和丰富的历史文化而闻名于世，如图 3.16 所示。很多文学家、艺术家和学者都曾前往过少女峰地区，他们在那里欣赏到了冰川、高山湖泊和瀑布的壮丽景色，也留下了许多珍贵的记录和诗歌。

尽管这里的自然景观如诗如画，但少女峰的独特之处在于其科考和研学价值。少女峰附近是阿尔卑斯山脉最广大的冰冻区，阿雷奇冰河（Aletsch Glacier）从少女峰一直延伸到阿雷奇地区，长度达23.3km，宽度为800m，是欧亚大陆最大且最长的冰川之一。这里记录着阿尔卑斯山的地壳运动和气候变化历史，对于研究冰川学和地质学具有重要价值。瑞士少女峰是阿尔卑斯山冰蚀现象最显著的地区，有一系列典型的冰川特征，如U形山谷、冰斗、角峰和冰碛等，记录了阿尔卑斯山的地壳上升和挤压运动，对于研究冰川历史和形成过程，特别是相关的气候变化，具有重要的科学意义。自1933年被列为自然保护区以来，少女峰一直受到特殊关注，保护区内建立了环境保护中心，为科考和研学提供了便利条件。

图3.16　瑞士少女峰

（2）转型措施及成效

为吸引更多游客并提升科研价值，少女峰采取了一系列措施。首先，通过建设大型的建筑、隧道系统、酒店和研究站等配套设施，让游客近距离欣赏冰原和冰河的壮丽景色，同时也提供了科学研究和研学的场所。这一转型措施不仅吸引了更多的游客，还吸引了科研机构和学者的关注，提升了少女峰地区的整体价值。其次，少女峰在环保方面也取得了重要进展，全球气候暖化对本区环境的影响被积极研究，冰川退缩引发的植物移植成为植物演替的重要案例，为科学界提供了宝贵的数据。这一系列举措使得少女峰不仅成为自然风光的胜地，也成为科学研究和研学旅行的热门选择。此外，瑞士环保观念很强，环保法律严格，在国家《宪法》中对森林、水体、野生动植物以及人为环境影响包括噪音、废弃物等都有明确规定；环保措施得力，如旅游巴士不准靠近景区，城市建筑高度有严格要求，网络预定使用"流动汽车"，以及垃圾详细分类处理等。

2. 中国张掖丹霞地质公园

（1）基本情况

张掖丹霞地质公园位于甘肃省张掖市临泽县城以南 30km，地处祁连山北麓，是中国丹霞地貌发育最大、状态最好，且地貌造型最丰富的地区之一，是中国彩色丹霞和窗棂状宫殿式丹霞的典型代表，具有很高的科考和旅游观赏价值，如图 3.17 所示。2005年 11 月，在《中国国家地理》杂志社与全国 34 家媒体联合举办的"中国最美的地方"评选活动中，张掖丹霞地质公园当选为"中国最美的七大丹霞"之一。2015 年，它又被全国多家知名网站评选为全球 25 个梦幻旅行地之一。张掖丹霞地貌是国内唯一的丹霞地貌与彩色丘陵景观复合区。景观区主要包括冰沟丹霞风景区和七彩丹霞风景区两大景观区，两景区间隔约 12km。中国丹霞地貌总数达 790 处，集中分布在东南部、西南部以及西北部干旱区的 26 个省区。其中，张掖丹霞地貌面积达 536km² 以上，是我国干旱地区最典型和面积最大的丹霞地貌景观。

图 3.17　张掖丹霞国家地质公园

（2）转型措施及成效

以自然生态资源为依托，张掖七彩丹霞整合区域旅游资源，充分发挥张掖地质科考、通航体验、红色教育、现代农业"四大产业"优势，开展地质科普、通航体验、红色教育、现代农业与劳动实践四大特色研学旅游品牌和全国精品研学实践与劳动教育品牌创建工作，积极谋划筹建国家级研学实践和劳动教育基地，开展精品研学旅游，以实地科考、飞行器观摩、飞行模拟体验、红色教育为主的研学旅游消费场景得到实践学生和教师的一致好评。深化完善深度旅游和定制旅游产品体系，推出"看七彩丹霞色彩，赏张掖土林造型"主题深度游览产品，发挥彩色丘陵和土林地貌的资源价值，打造国内唯一的丹霞地貌、土林地貌与彩色丘陵景观复合区，使地质遗迹真正成为地质文化传承载体、人与自然和谐共生的展示平台。近年来，张掖丹霞做足融合文章，催生了众多体验感强、参与度深的"沉浸式"旅游新业态，成功摘取了"国家5A级旅游景区""世界地质公园"金字招牌，塑造了

"中国彩虹山""全国最佳的低空旅游目的地"文旅品牌，跻身全国山岳型旅游景区第一方阵，成为甘肃省成长性最好的旅游景区和甘肃旅游的新引擎。如今，张掖丹霞实现了从"门票经济"向"消费经济"的转变，产业带动效能不断增强，步入了良性发展的快车道，为张掖旅游业的发展注入了强劲动力，释放出崭新活力。

三、娱乐休闲转型路线——加拿大班夫国家公园 & 中国张家界国家森林公园

1. 加拿大班夫国家公园

（1）基本情况

加拿大班夫国家公园建于 1885 年，位于加拿大阿尔伯塔省的落基山脉北段，以山湖之旅著称，如图 3.18 所示。班夫国家公园是加拿大第一个山地国家公园，也是世界第三个国家公园。公园内遍布冰川、高山、温泉、松林、野生动物等自然奇观，被誉为是加拿大国家公园体系"皇冠上的宝石"。1984 年，作为"加拿大落基山脉自然公园群"的一部分，班夫国家公园与其他加拿大落基山脉的国家公园和省立公园一起，申报列入联合国教科文组织世界遗产。原先，班夫国家公园主要吸引游客前来欣赏其自然美景，包括露易斯湖和梦莲湖等自然景点。然而，随着时间的推移，该公园进行了转型，将自身打造成一个提供全方位娱乐和文化体验的旅游目的地。班夫国家公园根据不同的气候条件，制订了适合不同季节和人群的山地旅游项目，如可以乘坐豪华巴士或火车在公园内观光，可以在公园的湖内泛舟观光，可以选择长短不同的长步健行以及滑雪、滑冰等旅游项目。此外，还有冠军级别的高尔夫球场以及丰富多彩的室内旅游活动。

图 3.18 加拿大班夫国家公园

（2）转型措施及成效

班夫国家公园内建设了现代化的旅馆、汽车旅馆和林中野营地，为游客提供了更多住宿选择，以吸引更多的游客停留。为满足不同类型游客的需求，公园引入了多样化的娱乐活动，如徒步旅行、露营、钓鱼、滑雪和观赏野生动物等。这些活动为游客提供了更多选择，延长了他们在公园内的停留时间。值得一提的是，公园的社区环境保护活动做得颇为成功，无论是政府、企业，还是个人，都肩负着维护公园生态完整性的责任。政府将生态环境理念融入社区建筑设计和城市规划中，在小镇的墙壁上展示生态艺术作品，以反映生态关联、生态脆弱性及公园行动需求；企业积极采用绿色能源，运用先进的废物处理和循环技术；游客通过可持续方式游览，并了解到维护健康生态系统的重要性。此外，公园还增设了一项志愿者计划，组织游客和当地居民开展线路维护、研究、拾垃圾以及一些特殊的公益活动，以此作为对公园的回馈。

2. 中国张家界国家森林公园

（1）基本情况

中国张家界国家森林公园位于湖南省西北部张家界市境内，距市区 32 千米。其东北与慈利县索溪峪、桑植县天子山相接，以峰称奇，以谷显幽，以林见秀，景点众多，但分布比较分散。它于 1992 年被列入《世界自然遗产名录》，并于 2007 年被列入中国首批国家 5A 级旅游景区。该公园以独特的石英砂岩峰林峡谷地貌而闻名，且拥有完善的登山基础设施。2018 年，张家界共接待游客 8521.7 万人次，其中接待入境游客 562.15 万人次，入境游客来自 117 个国家和地区，实现外汇收入 8.86 亿美元。不过，在发展进程中，一些问题也逐渐凸显出来。由于当时发展水平不高，长期依赖规模效应，不合理低价、追客宰客、无证经营、违约失信等违法违规行为时有发生，影响了张家界的旅游形象。同时，旅游产业结构单一，门票经济特征明显，缺乏能够刺激二次消费的旅游产品、文化产品、特色消费品等。时人有一句经典评价："张家界有旅游业，没有旅游产业。"这也导致张家界的旅游经济一度受到影响。此外，张家界在早期发展过程中，旅游项目以观光游为主，这极大地局限了公园的吸引力。

（2）转型措施及成效

为了应对上述挑战，张家界国家森林公园开启了娱乐休闲转型之路，将自身定位为冒险运动和户外活动的中心。公园引入了攀岩、徒步旅行和高空滑索等极限运动，成功吸引了众多追求刺激的肾上腺素爱好者和冒险者。这一转型举措不仅为公园带来了新的游客群体，还为游客提供了丰富的冒险体验，有效提升了他们的满意度。为了最大限度地保护遗产资源，公园实施了严格的景区管理，包括修建保护地带和污染防治设施。同时，公园还采用数字化景区监管信息系统，对规划、建设、经营和安全等方面进行有效管理，确保游客的安全和体验。此外，为了促进旅游业由单一观光型向休闲度假型、由门票经济型向产业经济型、由市场低端型向市场高端型、由资源依赖型向谋划创意型、由单一发展向集聚发展转变，张家界紧紧围绕"建设世界一流旅游目的地"的目标持续用力。2022 年，张家界成功承办首届湖南旅游发展大会，在国内外的影响力和美誉度得到极大提升，旅发大会效应正在持续释放。2023 年 1 月至 2 月，张家界市武陵源核心景区、天门山、大峡谷、茅岩河四大景区游客接待总量同比增长 272.4%，创历史新高。不仅如此，张家界还从三个方面着力推动旅游高质量发展：一是聚焦旅游转型升级，加快培育旅游消费新场景，以高质量、多元化的旅游产品吸引全球游客；二是聚焦服务品质提升，持续提升景区品质，不断升级智慧旅游平台，把优质服务打造成张家界旅游最持久、最核心的竞争力；三是聚焦产业结构调整，在做优做强旅游业的同时，培强新兴优势产业链和特色产业，不断增强张家界可持续发展的动能和抗风险的韧性。

四、康养休闲转型路线——西班牙比利牛斯山脉 & 中国黄山

1. 西班牙比利牛斯山脉

（1）基本情况

西班牙比利牛斯山脉位于西班牙的北部，以自然美景、温泉疗养、丰富的文化和美食而闻名，如图 3.19 所示。它是欧洲西南部最雄壮的山脉，东起地中海，西入大西洋。绵延高耸的山脉形成了法国和西班牙之间的一道天然国界线，也把整个伊比利亚半岛和欧洲大陆一分为"二"。这座壮观且地貌多样的山脉横跨西班牙和法国，为整个地区划分出自然边界。游客可以在这里进行各

种户外活动，如徒步旅行、穿梭于山峰和湖泊之间，尽情领略大自然的魅力。比利牛斯山脉凭借其自然美景、温泉疗养、丰富的文化和美食已成功地发展成为康养度假旅行的胜地，吸引着众多追求健康和休闲的游客。

图 3.19　西班牙比利牛斯山脉

（2）转型措施及成效

为了应对旅游业态的变革、满足游客对健康和康养的需求，比利牛斯山脉开启了转型之路。在此过程中，比利牛斯山脉打造了多个度假村和温泉度假胜地，提供温泉浴、按摩、瑜伽和冥想等各种康养活动。这些设施不仅能让游客放松身心，还能帮助他们摆脱城市生活的快节奏带来的压力，追求内心的平静与和谐。此外，比利牛斯山脉加强了文化活动和美食体验项目。游客可以参加当地的文化节庆，欣赏民俗表演，深入了解这个地区丰富的历史和传统。在美食方面，这里分布着众多餐厅和小吃摊位，供应地道的西班牙美食，包括海鲜、火腿、奶酪和美味的葡萄酒。这些文化和美食体验丰富了游客的旅程，让他们在欣赏自然之余，也能享受到丰富多彩的文化和美食。总之，比利牛斯山脉已经成功地将自己转型为一个提供康养度假和文化体验的综合性旅游目的地。游客在这里既可以欣赏自然之美，又可以在温泉疗养、文化节庆和美食盛宴中找到内心的平静和满足感。这一转型使比利牛斯山脉吸引了更广泛的游客群体，为地区旅游业带来了繁荣。

2. 中国黄山

（1）基本情况

中国黄山风景区位于安徽省南部黄山市境内，占地面积达160.6km²，另有490km²的外围保护区，先后被评为国家级风景名胜区和国家5A级旅游景区等，是著名的山岳型景区。黄山风景区大众旅游始于20世纪70年代。1990年，黄山风景区成为世界文化与自然遗产后，旅游人次和旅游收入明显增长。黄山以其壮观的山水美景、丰富的文化资源和美食而著称，吸引了大量游客。2019年游客接待量达350.08万人次，旅游总收入30.18亿元。旅游人次的大规模增加，不仅促进了风景区旅游接待设施的快速增加，同时也对资源保护提出了更高的要求。此后，黄山旅游迎来了一段较为繁荣的发展时期。随着旅游消费转型升级，黄山以经济扩张为主的传统旅游发展模式引发了一系列问题，包括游客停留时间过短、景区门票依赖严重、旅游产品单一化、游客满意度下降等。黄山景区不断摸索，逐渐成为成功探索康养休闲转型的典范。

（2）转型措施及成效

黄山旅游转型发展实践探索经验十分成熟，已经探索出一套"中国式"山岳型景区转型康养度假模式的成功案例。围绕"山水村窟"战略，在"山"的方面，黄山大力推进黄山景区内供给侧改革，丰富山的产品体系，比如近年推出的民宿，备受现在的客户群体特别是年轻人喜爱；在"水"的方面，推进太平湖业态升级，打造水上漂浮度假区；在"村"的方面，结合乡村振兴战略，围绕打造乡村微旅游目的地，在黄山市三区四县储备了近十个项目，首期黟县的茶坦和休宁的金龙山项目已签订框架协议，正推进项目具体合作开发实施工作；在"窟"的方面，致力于将花山谜窟打造成集传统观光景区、沉浸式体验和主题乐园于一体的创新型景区。在产品创新方面，黄山紧跟游客需求和关注的热点推出了一些创新的产品；在特色住宿方面，如 2019 年对外营业的雲入山宿，其特色客房和管家式的服务深受好评；在特色产品方面，推出了四趟索道游黄山休闲路线，打造了高山云阳台、云瑜伽、云 SPA 等"云"系列产品，引进了大跃啤酒、Costa 咖啡、泰迪联名潮流文创、索道全景透明车厢等系列产品。黄山还推出一系列迎客松文创产品，包括迎客松饼干、迎客松棒棒糖、迎客松矿泉水、迎客松雪糕和迎客松巧克力，都在让"迎客松"的 IP 更年轻化，让"国宝"变身"国潮"，提升年轻人群的喜爱值和期待值，吸引他们前来打卡购买。

第四章

山岳型观光景区庐山转型的
支撑平台与保障措施

第一节　山岳型观光景区庐山转型的支撑平台

一、智慧旅游支撑平台

1. 智慧旅游平台"三步走"建设思路

智慧旅游的建设与发展最终体现在旅游管理、旅游服务和旅游营销三个层面。目前庐山处于第一层级（智慧旅游管理），亟须打通数据，实现真正的数字化共享，完善第一层级，同时积极推进并完成智慧旅游的第二层级（智慧旅游服务），适时进行第三层级（智慧旅游营销）的投入。

第一步，提升智慧旅游服务。通过信息技术提升旅游体验和旅游品质。一方面，在旅游信息获取、旅游计划决策、旅游产品预订支付、回顾旅游的整个过程中协助游客，提升服务体验；另一方面，更高级的应用是通过游客的 GIS 信息，在协助游客有更好旅游体验的同时，实现旅游资源的动态调配。

第二步，完善智慧旅游管理。通过信息技术，首先，能够及时准确地掌握游客的旅游活动信息和旅游企业的经营信息，与公安、交通、工商、卫生、质检等部门形成信息共享和协作联动，提高应急管理能力；其次，能够形成游客数据积累和分析体系，全面了解游客的需求变化、意见建议以及旅游企业的相关信息，实现科学决策和科学管理。

第三步，建立智慧旅游营销。通过旅游监控和数据分析，辅助供给侧挖掘旅游热点和游客兴趣点，指导策划对应的旅游产品，制订对应的营销主题，以此推动旅游行业的产品创新和营销创新。

进一步而言，要充分利用网络融媒体传播特性，吸引游客主动参与旅游的传播和营销，逐步形成自媒体内容生产的良性循环。

2. 智慧旅游平台建设方式与路径

（1）智慧旅游平台支撑下的多元旅游产品供给

通过建立智慧庐山大数据平台，加大加深对游客信息数据资源的整合和利用，分析游客的年龄、性别、来源地、偏好等信息，在对游客进行分类的基础上加大旅游供给侧改革，开发多元化的旅游产品，满足不同类型游客的需求。针对热爱冒险运动的年轻游客举办特色活动，开发夜经济旅游产品；针对高龄且偏好国学、养生的游客开发"修禅、国学、品茶"等文化休闲旅游产品和"美食、养生、太极"等康养旅游产品。

（2）智慧旅游平台监测机制下的生态环境保护

利用智慧平台优势，实时监测环境变化状况，建立环境监测机制，维护庐山自然景观安全。建立古木物联网，对景区古木周边的土壤、气候、光照、水分等环境指标信息进行监测，并传达至指导中心进行数据收集与实时分析，制订科学的古生物保护策略；建立雷电预警、森林防火、停水调度系统，在庐山外围形成"保护盾"，使庐山免遭受自然灾害对景区生物、环境的破坏，维护庐山生态安全；建立景区生态环境"自纠自查""一票否决"机制和景区生态灾害"预测、预约、预报"调控机制，为实行景点封闭轮休、生态景观带修复、污水统一治理等工作提供机制保障。

（3）智慧旅游平台支撑下的景区秩序维护工作

打造实时旅游监测系统平台，为控制游客流量、开展旅游秩序维护工作提供实时数据支持。完成"庐山风景区客流量预测系统升级项目"工作，为庐山科学制定游览高峰期指挥调度工作提供依据，避免游览高峰期人数过多发生的踩踏、碰撞事件，维护游客人身安全，维持游览秩序。打造智慧交通监控体系，利用现代数据化与信息化技术，建立视频监控系统和无线传感网车流量统计系统，实时监控车流量情况，及时有效处理交通安全事故等突发状况，为庐山交通管理部门的监管与控制工作提供极大便利。

（4）智慧旅游平台升级游客行程体验

打造一个集门票预约、酒店预订、山顶帐篷租赁、餐饮美食推荐、租车服务、导游聘请、特色商品选购、定制旅游等 10 项旅游服务于一体的智慧平台，通过"扫码入园、全网预订、分时预约"3 个智慧化阶段，有效缓解游客排队购买门票造成的入口拥堵问题，为游客提供"食、住、行、游、购、娱"一站式服务，大大减少游客 在"寻找"服务上所浪费的时间，提升游客行程体验；同时，定制化旅游服务转变了传统大众旅游"一刀切"的现状，能够有效根据游客的个性化需求提供旅游产品与服务，提升游客满意度。

行前：抓住旅游核心要素，规划个性旅程——"横看成岭侧成峰，远近高低各不同"，这不仅是对山岳形态的描述，更是对庐山景点的比喻。地理地貌、人文圣山、气象大观、地质公园、万国别墅等都是从不同角度对庐山的描述。在游客端 App 上，不应仅停留在对单一景点的介绍阶段，而是要以历史事件、人文精神、空间奇观等"丝线"，将这些"珍珠"以多种组合方式串起来，把庐山的故事讲活、讲好、讲透。"一机游庐山"应增加行前的旅游规划模块，综合考虑游客的当前位置、时间、预算以及交通、气象等因素，给出旅游规划个性化建议，以提升旅游体验。

游中：聚焦游客需求，提升服务质量——庐山已具备一定的智慧旅游基础设施，要充分利用北斗高精度导航，结合景区已有的 5G 基站，打造基于高精度 GIS 的导览系统，将传统导览系统的"搜索—点击—阅读"模式升级为基于位置的"信息推送"，实现"智能伴游"的效果。"一机游庐山"应增设"智能伴游"模块，根据游客的位置，自动以语音方式推送景点有关介绍信息；

增设 AR 模块，根据方位在手机屏幕上叠加景点介绍；增设导引模块，根据交通状况、游客密度及气候条件，智能调整游览路线。

游后：持续服务游客，扩大景区传播——旅程结束后，如何延续对游客的持续影响，实现游后二次营销和有效信息传播，是衡量一个景区是否具有顽强生命力和影响力的标志。"一机游庐山"应增设"回忆"模块，结合方位信息、用户相册、公共影像等媒介，自动生成图文并茂的旅行日志，这对游客而言既是一份精美的数字纪念，又是一份宣传庐山风景的对外宣传品。

（5）智慧旅游平台支撑下的营销方式创新

利用传统媒体与现代新兴媒体信息传播优势，着眼旅游发展关键点，创新营销思维，转变传统"坐等客来"的单一线下营销模式，向线上线下营销并重转型。将传统营销媒体（电视、报纸、电台等）与新兴网络营销媒体（微信公众号、抖音、微博等）紧密结合，聚焦全年龄段游客，充分发挥传统主流媒体影响力与新兴媒体平台优势，定位目标客源市场，打造"智慧庐山精品旅游"信息化重点项目，推广营销庐山旅游 App 项目，实现集门票、索道、酒店多种服务为一体的精准营销服务功能；同时加强与旅游电商平台合作，满足游客在酒店、机票、产品线路、地接导游等方面的线上预订需求，将激发游客"走进庐山"的需求与游客实施"出行计划"完美承接，成为庐山旅游营销转型发展的"点睛之笔"。

二、传播营销支撑平台

在明确了供给端与需求端的重要诉求后，打造一条能连接二者的传播轴，成为一项不可忽视的重要工作。目前，传播营销的缺失导致供给端和需求端处于"失联"状态，长此以往，会对庐山的景区形象塑造和后期品牌打造十分不利；传播与营销观念陈旧，个别景区在营销时存在随波逐流的心态；品牌形象塑造过于扁平化，对"悠"的解读与阐释不够突出和清晰，庐山本身拥有的多种特色在宣传中未有体现；营销宣传手段方面有待更新，缺失自主发声的平台，对社交媒体上受众发布的内容缺乏引导，与主流媒体的合作过于被动；在宣传队伍建设方面，缺乏专职专业的宣传人员，致使重要的优质的宣传材料被忽视和浪费；在反馈机制上，缺少对大数据、网络舆论的有效监控与利用，宣传效果难以量化。因此，打造一条具有庐山特色的传播轴，以衔接供给端与需求端，已然刻不容缓。

在这一基础上，综合图 4.1 中的理想传播轴模型来看，特色传播轴的打造要基本实现以下功能：首先，传播轴要能够将供给端提供的特色项目与路线作为整个消费产品的支撑，与需求端中通过数据统计展现的游客诉求与旅游服务需求连接起来，为供给端和需求端提供"联络作用"。在成功将供给端和需求端进行连线后，打造传播轴的第二步是要策划优质的宣传品，精准直击受众痛点。这是吸引游客到庐山旅游的重要步骤，需要源源不断的、推陈出新的优质宣传品，以多元新颖的方式将庐山的特色展现给不同群体的受众，达到引流的目的。在拥有一定的受众群体后，第三个重要步骤是增加用户的黏性，真正做到"山上做留量，山下做流量"，让游客对庐山流连忘返、念念不忘。这需要供给端的优秀宣传队伍对宣传内容进行特色化、差异化的运营，真正做到"走出庐山的特色，留下庐山的游客"。

供给端：特色项目+路线（支撑）→打造优质宣传品→优质队伍进行运营→调整策略+转化反馈为新的宣传品

传播轴：

需求端：游客诉求/需求（统计）→直击受众的痛点→增加用户的黏性（流量+留量）→游客的反馈

图 4.1　传播轴模型

第四，传播轴也需要进行即时反馈策略，推动供给端及时调整宣传与传播策略：将游客的正向反馈进行精品打磨，转化为新的优质宣传品；重视游客在各平台发声中明示或隐含的负面反馈，通过公开道歉、公示整改等方法对负面反馈进行回应，号召游客多提意见，鼓励游客重游监督整改情况，营造积极解决问题的主体形象。

最后，在游客反馈转化为新的宣传品后，需重复第二个步骤，将优质宣传品打造为直击受众痛点的宣传产品，获取创新性高、角度多元的宣传产品，丰富供给端与需求端的连接渠道，同时也要解决如何提供数量更多、质量更高的宣传产品的重要问题。

1. 打造特色传播轴的思路

要实现特色传播轴的打造，需根据现有的情况与发展背景对庐山的宣传营销方式与路径进行改进与补充，建立打造特色传播轴的基础，为落地项目与实现手段做好准备。

（1）改进传播观念：占领热搜，在游客生活中"刷脸"

改进传播观念是打造特色传播轴的第一步，庐山作为中国历史上的"人文圣山"，在全中国以及世界范围内的华人圈都享有极高的知名度，也正因如此导致了各主体对庐山传播与营销上的消极心态，认为"无人不知庐山"，故而"无须营销庐山"。实际上，在当下飞速发展的媒介社会中，多元的、冗余的信息充斥着每一位游客的生活，而游客能够给予关注并以之改变自己行动轨迹的信息是有限的。传播与营销的作用不是要把庐山的特色深植于游客内心，而是要在生活中不断创造"庐山"这一名片与游客见面和接触的机会，不断提醒游客：庐山还有待每一个游客的探索。

宣传工作的缺失会导致游客逐渐转向其他的旅游目的地，因此在宣传板块不能固步自封，必须要改进传播观念，重视宣传工作，善用当下流行的宣传工具和传播手段进行宣传和推广，这样才能引起受众的关注和讨论，吸引更多的游客到庐山进行旅游活动。

就目前的庐山营销而言，仅依靠单向宣传是无法与需求端进行"沟通"和"联络"的。从营销角度出发，可以先从热搜"刷脸"开始，逐步以新时代的新形象回归到受众视野，引发受众讨论。同时也要重视在热搜下受众的正面与负面反馈。鉴于网络环境的复杂性，在刚开始借助热搜"刷脸"时，需做好相应的应急预案，尤其是在微博、抖音等以碎片化信息为主的平台，要有勇于接受负面反馈并将其转化为有效沟通信息的信心和能力。可使用爬虫等软件对负面反馈进行综合分析，思考改进思路。从正面反馈中获取庐山受众的差异化和特殊化信息，以便更好地调整宣传策略。

（2）突出差异：从做大"庐山"到做"大庐山"

从改进传播观念的根本目的而言，是完成从做大"庐山"到做"大庐山"的传播转化。具体而言，做大"庐山"走的是单一、粗放的营销路线，只关注局部；做"大庐山"转向多元、精品和产业，以整体为观照，以建立整个大庐山景区为目标，而不是割裂的、分离的、局部的景点。从这一角度而言，要求每个景点的负责人都拥有宣传和营销的意识与策略，不能仅仅依靠"庐山"进行整体宣传规划。从顶层设计的层面将传播和营销的观念进行时代更替，从整体的角度对整个"大庐山"进行统筹规划。只有大庐山和景点进行通力合作，大庐山关注到景点的特色与差异，景点的宣传不依赖大庐山而是积极主动进行探索，才能真正提高和促进大庐山的营销与宣传。

因此，从打造特色传播轴的角度而言，要摒弃与时代脱节的传播观念，通过占领热搜的方式在更多的平台上与游客"会面"，推动供给端和需求端的连接与联络，如此才有机会在纷繁复杂的网络信息中获得吸引游客到庐山旅游度假的机会。

（3）打造品牌形象：为庐山打造"人设"，快速出圈

自古以来，庐山都是包容、开放、进取的山，也是文化融合的山。这里不仅"一山藏六教"，拥有宗教文化、书院文化、建筑文化，还承载着最早的房地产、最古老的遗产开发以及近代中西文化的交汇。由于观念的老化、思维的固化，庐山变成了安逸的、封闭的、守旧的山，这与时代的发展严重脱节。因此，庐山必须重视打造本身的品牌形象，要学会使用新时代的营销手段，将庐山品牌拟人化，打造一种新型独特的"人设"，以此吸引现有游客圈外的受众前来游览。

（4）"庐山天下悠"品牌形象的定位、解读与建构

打造"庐山天下悠"的品牌形象，首先要围绕这一主题，建构、铺陈并具体化庐山的品牌形象。以"悠"作为品牌形象的题眼，就要从多个角度对庐山的"悠"进行充分的建构和解读，再以此为基础，拓展到以庐山各个特色景点线路为支撑点。

以"悠"作为品牌形象的题眼，在主题路线上要充分体现出来。例如以气象景观公园为载体，展现和宣传庐山气象景观的美丽旖旎，建构庐山神秘奇幻的形象。由于庐山特殊气象的常见性，被气象景观宣传材料吸引的游客前往庐山一探究竟并得偿所愿后，若庐山神秘绮丽的品牌形象宣传得当，便能获得极高的关注度和游客流量。还有庐山古老的地质历史之于幽静深沉的山岳形象、

庐山丰富广布的植物种类之于舒适悠然的自然生态环境等都可以作为品牌宣传方向。又或者以休闲娱乐主题路线为载体，要突出庐山之秀美非一日可尽观，庐山之悠应该展现出一种心态上的休闲与悠然，而非"特种兵"式旅行的走马观花，应该是超脱于当下纷繁忙碌的快节奏生活与功绩社会之外，给游客带来的度假体验，是一种寻找潺潺流动禅意的旅游感受。

（5）"庐山天下悠"品牌形象的宣传、营销与传播

建构与设定好现阶段庐山向外输出的品牌形象后，还要以多手段从多角度进行宣传和营销。比如配合优质的本土宣传产品、打造短视频平台的内容等，通过多个项目的支持，将庐山的品牌形象进行串联和宣传。其中有大的主题"悠"，还有分支主题和辅助主题，这些主题都应该体现在对特色主题路线的打造之中。

在宣传庐山本身的品牌形象之外，作为以接待游客为产业主要内容的景区，还要重视宣传和营销庐山景区服务的品牌形象，如"贴心实惠""方便舒适"等，直击旅客的游玩痛点。

（6）"庐山天下悠"品牌形象的支撑、预期与拓展

景区的服务质量与游客的回头率有很高的关联性。庐山的口碑不仅要靠宣传和优质的旅游产品，还要有高质量的旅游服务作为整个品牌形象的支撑，二者缺一不可。因为对旅游景区而言，优质的服务和热情的接待有时会比庐山作为旅游产品本身的吸引力更大，尤其是要契合"悠"这个主题。对于游客而言，很少有游客在节奏紧张的工作生活之余来到景区时能忍受服务或便利上的缺陷，即负面情绪会很容易被放大。如果能够塑造出庐山景区优质的服务、便利的度假方案，就能够很快地吸引到本来在游客圈外的旅游受众。因此，要宣传庐山的品牌形象，先将庐山景区服务的品牌推广出去是一个非常有效的办法。

此外，在打造庐山品牌时，还需做好预期和公关准备，针对多元游客提出的问题，制订完善的危机预案。例如应对老年人、

婴幼儿等特殊群体在庐山游览过程中出现的身体不适等问题，又或是应对野生动物袭击游客等方面的预案应该面面俱到。如果游客在旅游体验方面的不足被宣传和扩大，会造成很难挽回的营销事故，给庐山品牌带来严重的负面影响。

（7）建立反馈机制：检验宣传成效，及时改进策略

反馈机制是检验宣传成效的重要环节，但目前针对宣传营销的反馈机制还较为薄弱，因此应该及时建立宣传和营销的反馈机制，及时改进宣传和营销的策略。

首先，应该积极开展对营销宣传活动成效的综合分析。目前庐山的宣传工作多是被动的，智慧旅游中心的舆论监测机制没有很好地被利用起来。缺少对庐山宣传工作的持续反思和反馈，就会将供给侧和需求侧双方断联，供给侧打造的旅游资源被浪费，当地旅游业态会趋于疲软，需求侧的休闲时间和旅游消费会转向更具有吸引力、影响力与话题度的旅游目的地。

其次，要重视和调取舆论监测数据，定期以柔性手段进行分析和回访。要合理利用智慧旅游中心现有的设备和数据，如对游客流量的监测、对网络舆论的监测等工具，目前已经输出了很多数据，但针对此类数据的处理还存在一定的缺陷。要形成反馈的机制，必须将现有的数据重视起来，交由专职专业的营销队伍对其进行充分的分析，获得游客停留时间长短、满意程度、不同景点游客群体组成等多方面的数据，以配合调整后期的宣传营销策略的规划。

在获得海量的数据之后，进行分类和综合分析，取得一系列的理性认知后，还要从游客感性的旅游体验出发，完善游客意见反馈与回访平台的搭建。如开展多项优惠活动，获取游客观光前后对庐山景区、庐山景区服务以及庐山宣传工作等方面的多维度的调查和分析；以特色的文创作品鼓励实地体验过的游客为庐山景区、庐山景区服务和庐山宣传工作提供改进意见等；定期展开

多维度的宣传成效检验，由此改进庐山的宣传策略。

2. 打造特色传播轴的方式与路径

在改进传播观念、打造品牌形象、建立宣传队伍和建立反馈机制等方式和路径明确之后，还需要通过多个项目与手段对庐山进行特色传播轴的打造。

（1）放慢游客的脚步，多渠道促进"悠"品牌营销

在"悠"品牌的建构和解读方向确定之后，可以以搭建"自主平台—主流媒体—社交媒体"为立体轴，目的是放慢游客休闲度假的脚步，为扩大庐山的影响造势，提高庐山的吸引力和影响力。

（2）搭建网络宣传的自主平台

网络宣传的自主平台是作为宣传主体最重要的发声渠道，是其他媒体报道和宣传庐山最重要的宣传渠道，但目前庐山对于自主平台的打造是存在一定缺陷的，具体表现为更新时间慢、内容吸引力不足、用户黏度较低等。

（3）主动与官方主流媒体合作

大众媒体在宣传中往往能输出质量更高的传播作品，在中老年游客心中也会具有更高的可信度，有助于提升庐山的品牌效应。可以与央视或星级卫视合作，策划拍摄旅游宣传片或主题新颖的纪录片；同时，积极挖掘新闻热点，配合纸媒的策划与写作，提升庐山的曝光度。

（4）吸引自媒体博主创作推介

自媒体博主所带来的流量十分可观。在广泛流行的社交媒体中，"大 V"或百万粉丝以上的 UP 主（以下统称为"博主"）的影响力不容小觑。不同类型的博主对应着不同细分的网友群体，实现了分类传播。因此，若优质的博主作品中出现与庐山相关的解读或介绍（尤其是同一类型的多个博主都有相关内容时），往往

能迅速激发其粉丝的旅游意愿，提升庐山的热度。

（5）鼓励影视作品到庐山取景

通过多渠道将庐山的品牌推广出去之后，还要通过媒介留存的方式将这种热度转化为时代的集体记忆。这不仅能留下当下旅客的足迹，还能为未来更多游客到访"打卡"建立基础，更全面地促进庐山品牌的时代化打造。影视剧和综艺是形成当代群体集体记忆最直接、高效的方式，尤其是借助"明星效应""名场面效应"等游客心理倾向，可以在短时期内充分提高游客的旅游意愿。目前庐山已经拥有了"庐山国际爱情电影周"这个极具特色的IP，但缺陷在于前期的宣传不足。

（6）提高大型活动的链式反应

大型活动是事件传播的重要阵地。目前庐山承办的大型活动中，能够成功"出圈"并带来流量促进产业链形成的较少。应该合理利用山上和山下的资源，进行大型活动产业链的评估，拓展申办、承办大型活动的种类，提高影响力，将庐山品牌推向更广泛的受众群体。同时将大型活动留下的优质宣传品进行整合转化，重视游客在活动中的反馈，以建立成熟的大型活动产业链，实现活动效益的最大化。

（7）吸引世界的目光，多手段促进境外旅游传播

庐山作为中华文明的代表，充分拥有吸引世界目光的特色与条件，但近年对于境外旅游传播的忽视会让庐山的品牌渐渐淡出外国游客的视野，所以通过多个手段促进境外旅游传播刻不容缓。

三、可持续发展支撑平台

由于山地环境的脆弱性与复杂性，许多以经济效益增长为主要目标的传统开发模式对山地环境造成了一定的破坏，如生物多样性消失、水土流失、环境污染等，导致了山地旅游的不可持续

性发展。因此必须加强生态环境保护，转变旅游开发理念，为游客提供良好的游览空间，打造人与自然和谐共生的生态旅游目的地。具体而言，一是坚持生态保护第一原则，通过建立生物多样性保护基金项目、实行景点轮休制度、建立山地生态补偿机制、落实生态保护政策等措施，促进山地生态环境保护工作的有效实施；二是借助外部科学技术，实时监控生态环境状况，当生态环境指标出现不正常值时，应及时作出调整，减轻生态环境进一步恶化的趋势；三是转变旅游开发理念，将生态效益转化为经济效益。通过优化生态环境，保护森林植被、高山动物、花草群落等生态旅游资源，并将这些资源转换为保健旅游产品、绿色食品、高山畜牧养殖、中草药开发等。

1. 坚持绿色生态旅游核心发展理念

转变单一经济效益增长的发展模式，向以生态环境优化为主要目标的可持续旅游发展转型：①践行生态环境保护第一理念，举办国际生态论坛会议，建立"国际自然保护区"联盟、"世界生物圈保护"基地、自然保护发展基金，为生态环境保护提供平台支持与资金保障；②激发旅游"生态经济价值"，积极践行"绿水青山就是金山银山"理念，将生态效益转化为经济效益，拓展绿色旅游产业经济链，大力发展山珍加工业、养生食品业、绿色食品加工业等绿色产业，培育绿色低碳经济消费增长点；③落实相关政策保障生态环境保护工作的实施，落实加强生态环境监管工作的实施方案，为保护庐山生态环境提供良好的政策保障。

2. 打造四季旅游产品体系

坚持"在保护的基础上开发"的产品开发原则，充分利用庐山的气候、文化、康养、运动等生态旅游资源，开发四季旅游产品，增加旅游吸引力，满足游客的多样化需求。此外，还要加强

"庐山天下悠"的品牌形象营销，积极参加论坛活动，塑造庐山"365 天天天开放、360 度度度精彩"的营销形象，改变游客对庐山的认知误区，缓解之前淡季游客人数稀少的旅游窘境。

3. 引进生态度假旅游项目

遵循山地自然生态规律，考察地形、地质环境、坡度等条件，科学引进生态度假旅游项目，推进庐山旅游方式从观光旅游向生态休闲度假旅游转型。建立庐山国际旅游度假区，改变以往单一的观光旅游发展格局。在度假区内引进国际知名酒店等，全方位满足游客休闲度假的住宿需求。引入温泉度假区等项目，开启庐山生态休闲度假时代。

4. 完善基础设施建设

大力推进生态基础设施、生态立体交通体系、生态研究所工程的建设工作：①完善生态基础设施建设，铺设生态观景步道，建设观景平台、生态旅游厕所等绿色基础设施，最大限度地减少旅游建设对生态环境的影响；②构建内外发达的立体交通体系，增加与周边城市的航线，促使九江成为旅游交通网络中的重要节点，缩短庐山与外部空间的距离，同时修建步道，构建庐山"快旅慢游"的生态交通发展模式；③建立森林生态站，对研究人类活动对气候变化的影响、庐山森林生态系统平衡、生物多样性维持作出庐山贡献。

第二节　山岳型观光景区庐山转型的保障措施

一、理顺管理体制，提供体制保障

1. 加快推进实现"市局合一"

景区以改革破局，要成立深化庐山管理体制改革工作协调组，实施"市局合一"的管理体制改革，围绕"一体化、集团化、专业化、市场化"目标，实现"统一班子、统一机构、统一管理、统一财政"的管理运行机制，为高质量发展提供坚实保障。进一步发挥"市局合一"的作用，优化机构职能设置，统一管理、优化机构、减少环节，做到机构系统化、管理标准化、岗位责任化、责任目标化，真正减少管理层级，打造一个上下贯通、左右协同、执行有力的管理体系。大力进行管理体制改革，解决以往"一山多治"管理体制引起的行政主体、地域划分、资源分割等矛盾，从提升管理效应层面促进旅游业发展。

2. 厘清山上山下机构权责边界

庐山景区应明确各个部门和机构在管理和运营中的职责范围，以避免重复和冲突。山上和山下的管理机构要有清晰的分工，协同合作，形成高效的管理体系。全区旅游资源统一划入一个管理机构，按照"政事分开、政企分开、事企分开"的原则，精简机构和管理人员，其余人员划入经营公司，经营公司对全区门票收入、经营性项目进行统一经营管理。

开放景区资本运作和管理市场。加强各类景区建设，推进建设庐山绿色产业体系。鼓励景区管理集团对全市中小景区实施委托管理、租赁经营、承包经营，提升旅游景区的发展质量和服务品质。

3. 稳妥处置国企改革遗留问题

在国有房产的确权和资产盘活方面制定明确的政策和计划，以便更好地利用这些资源进行景区开发和升级。提高市场化程度和建立合理的激励机制可以激发景区主体的积极性、政府干部的积极性和山上居民的积极性。这可能需要制定相应的政策，以激励各方更好地参与景区的发展。建立合作共建共享共治机制，将各方的积极性调动起来，更好地推动庐山景区的转型。这可能需要制定合理的合作协议和合作机制，以确保各方的权益得到保障。

二、进行机制改革，提供机制保障

1. 明晰产权盘活存量，降低产权交易成本

盘活固定资产——进行集团化管理和市场化运营，盘活庐山景区现有的大量的固定资产，如景点、建筑物、设施等，将其更好地整合和配置，实现资源的优化利用，提高景区的吸引力和竞争力。将庐山景区的不同部分进行集团化管理，可以实现资源共享、协同发展。这需要建立合理的组织结构和管理机制，以确保各部分的协调运作。引入市场化运营的理念，可以使景区更加灵活地适应市场需求变化。这可能涉及制定灵活的票价策略、推出多样化的旅游产品、与商业合作伙伴合作等。

国有企业使用权流转——保持所有权稳定性，避免大规模的财产转移，维护国有企业的资产稳定。通过使用权流转，国有企业可以将房屋出租给专业的经营者，激发更高水平的管理和服务，

提升旅游体验。合作伙伴可以在不必购买产权的情况下，租用房屋来进行旅游、休闲等项目的开发，降低了投资门槛，吸引了更多专业的投资者进入景区开发领域。使用权流转使得管理和运营更加灵活，国有企业可以更快地调整合作伙伴，适应市场需求的变化。

别墅功能拓展——通过引入大企业投资和优质博物馆内容经营者，打造一个文博综合体，以丰富游客的体验、提升景区的吸引力。吸引大企业投资可以带来资金和资源，有助于改善别墅设施和服务，提升游客的居住体验。引入优质博物馆内容经营者，可以将别墅与丰富的文化、历史、艺术等内涵相结合，为游客提供更深入的文化体验。打造文博综合体能够吸引更多的游客前来参观、学习，从而延长游客在景区的停留时间，增加消费机会。

2. 理顺委托代理关系，公私主体合作共赢

旅游公司上市——建立现代企业管理制度，遵循市场规则、运用市场力量开展庐山市的全域旅游建设。

市场效益提高——基于现代企业管理制度，更加注重市场需求和竞争环境，通过市场定价、营销策略等手段实现更有效的运营。强调效益与效率，通过绩效评估和激励机制，促使景区管理者更注重资源的合理配置和产出最大化。鼓励创新思维，庐山景区可以更灵活地推出新的旅游产品、服务和体验，以满足游客不断变化的需求。

完善旅游营销体系——建立和完善政府主导、部门联合、政企联动的营销机制和旅游营销组织结构。创新营销方式，建立健全以行业协会和企业为主体、营销代理机构为补充的旅游营销体系。拓展市场营销渠道，创新营销手段。加强政府宣传和企业营销的有机结合，实现市、县、部门、企业之间宣传营销的一体化。组建庐山旅行社、旅游饭店、旅游车船等旅游集团公司。

三、其他保障措施

1. 加强组织协调统一领导

设立庐山景区转型领导小组，由相关政府部门、旅游管理机构和景区管理方的代表组成，确保各方利益的协调和合作。制定详细的转型规划和实施方案，明确时间表、任务分工和责任，确保转型目标的顺利实现。建立定期汇报和评估机制，定期召开会议，对转型进展进行评估和调整，并及时解决出现的问题和障碍。

2. 加强公共服务体系建设

建立精简高效的旅游行政管理机构，承担旅游规划、旅游产品和线路开发、旅游市场促销和监管等职能。建立健全覆盖"吃、住、行、游、购、娱"等旅游消费环节的市场监管和综合执法体系及旅游投诉受理机制。完善旅游信息咨询服务体系、旅游安全保障服务体系、旅游应急救助体系、旅游交通便捷服务体系、自助游服务体系、旅游便民惠民服务体系、旅游行政服务体系，形成政府主导、体系完备、规范标准、优质高效的旅游公共服务体系。将旅游公共服务列入政府财政预算，将重点旅游公共服务项目建设纳入土地利用总体规划、城市总体规划、基础设施规划、村镇规划、扶贫计划等，对重点旅游公共服务项目在用地、融资方面给予优惠和支持。

3. 加强招才引智用好人才

设立庐山旅游转型人才培养基地，与高等院校、职业培训机构合作，开设旅游专业课程、研讨会和培训班，培养适应转型需求的专业人才。吸引海内外优秀人才加入转型团队，设立专项人才引进计划，提供优厚待遇和职业发展机会，激发人才的创新力和积极性。加强人才交流与合作，与相关景区和旅游机构建立合作关系，开展人才培训和经验分享，共同提升庐山景区的专业水平和竞争力。

4. 加强旅游区域交流合作

加强国际间旅游交流合作——利用联合国世界旅游组织/亚太旅游协会旅游趋势与展望国际论坛等品牌渠道，加强与联合国世界旅游组织在旅游可持续发展战略、目的地开发建设、旅游教育培训、旅游扶贫等方面的合作。积极开展与世界旅游旅行理事会等国际旅游组织机构的交流往来，提高庐山旅游国际化水平。加强与主要客源国政府间的旅游合作，发展业界交往渠道，建立市场引导互惠机制。探索与国际旅游企业集团的经营合作，引导境外资本有序进入，培育市场、管理、技术、人才优势。加强与国际旅游研究和教育机构的合作，扩大多层面旅游科研和教育培训合作领域。

加强区域间旅游交流合作——利用中国—东盟博览会，推进与东盟自由贸易区在市场、产品、项目、经营、人才等方面的旅游合作。开展与东北亚区域的旅游合作，吸引旅游客源，扩大旅游投资商户和商业机会。加强与台港澳地区市场推广、旅游投资、客源互送等方面的合作力度。

加强国内重点区域间旅游交流合作——深化庐山与周边区域的旅游一体化合作，打造跨省区的旅游信息交流、资源流动和项目建设平台。进一步密切与东南区域的旅游合作关系，加快市场要素、资金、人才等的区域间流动，共同打造跨区域特色产品。加强与长三角、环渤海等经济区域的旅游对接与联动。进一步发展与北京、上海等城市的旅游对接，推出相互衔接的旅游精品线

路，建设中国优秀旅游城市目的地集群。充分发挥庐山旅游客源优势，带动周边省市旅游市场发展。加强江西区域内城市间的合作，促进江西旅游业总体发展。

附录一　庐山人文历史转型路径案例示范

——国学经典文化体验

地点：庐山林业学堂、棂星门院、紫阳书院、御书阁、春风楼

时间：2024 年 9 月 30 日—10 月 27 日每周五到周日7：30—17：00

活动内容：

活动名称	活动地点	活动内容		配套文创
书香白鹿行·国学经典传统文化体验活动	御书阁春风楼	国学经典阅读活动		印章打卡集邮明信片摆件钥匙扣文房四宝折扇配件
	林业学堂	国学知识授业课堂		
	棂星门院	"知礼汤汤，万古流芳"古礼体验活动	汉服体验	
			华夏古礼体验	
		"诗情画意游白鹿"国风书法绘画体验活动	"寄情山水"诗词飞花令	
			"秋风画扇"扇子制作	
			"水墨丹青"书法绘画体验	
	紫阳书院春风楼	"逸致闲情"趣味国风活动体验	闻乐	
			焚香	
			弈棋	
			品茗	

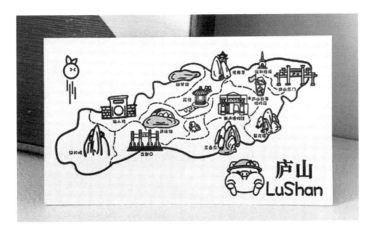

文创明信片示意图

文创明信片示意图

◎ 国学经典阅读活动

举办国学经典阅读活动，推出国学经典阅读书单，线上线下
同步举行，鼓励游客参与阅读活动，分享读书笔记、心得，举办
国学经典书友交流会，为游客打造良好的国学经典阅读交流氛围。

活动名称	形式	地点	时间
国学经典阅读活动	线下	白鹿洞书院·御书阁	活动期间每周五到周日7:30—17:00
	线上	白鹿洞书院官方微信公众号联合微信读书	活动期间全天候开放
国学经典书友交流会	线下	白鹿洞书院·春风楼会客厅	活动期间每周日9:00—11:00

国学经典阅读书单									
1	《论语》	11	《墨子》	21	《后汉书》	31	《杜工部集》	41	《文心雕龙》
2	《大学》	12	《庄子》	22	《资治通鉴》	32	《白香山诗集》	42	《人间词话》
3	《中庸》	13	《荀子》	23	《三国志》	33	《乐府诗集》	43	《古文观止》
4	《孟子》	14	《韩非子》	24	《三字经》	34	《苏东坡诗集》	44	《世说新语》
5	《周易》	15	《列子》	25	《千字文》	35	《三国演义》	45	《文心》
6	《尚书》	16	《弟子规》	26	《孙子兵法》	36	《水浒传》	46	《颜氏家训》
7	《诗经》	17	《尔雅》	27	《百家姓》	37	《西游记》	47	《闲情偶寄》
8	《礼记》	18	《战国策》	28	《名贤集》	38	《李太白全集》	48	《浮生六记》
9	《左传》	19	《史记》	29	《楚辞》	39	《儒林外史》	49	《梦溪笔谈》
10	《老子》	20	《汉书》	30	《红楼梦》	40	《聊斋志异》	50	《天工开物》

◎ 国学知识授业课堂

在林业学堂开设国学知识授业课堂，主要面向研学团体、亲子市场等，设计国学知识课堂，邀请院内讲师为游客进行讲解，为游客提供多样化的国学课堂选择，营造良好的书院学术氛围。

序号	国学知识课堂主题	课堂内容	授课时间
1	四大名著	《西游记》《水浒传》《三国演义》《红楼梦》	10月4日
2	花中四君子	梅花、兰花、竹子、菊花	10月5日

续表

序号	国学知识课堂主题	课堂内容	授课时间
3	国画三大类	山水、花鸟、人物	10 月 6 日
4	岁寒三友	松、竹、梅	10 月 11 日
5	三山	黄山、庐山、雁荡山	10 月 12 日
6	四大传统节日	春节、清明节、端午节、中秋节	10 月 13 日
7	四大发明	指南针、造纸术、印刷术、火药	10 月 18 日
8	四大名花	牡丹、水仙、菊花、山茶	10 月 19 日
9	五毒四兽	龙、凤凰、麒麟、龟、蝎、蛇、蜈蚣、壁虎、蟾蜍	10 月 20 日
10	文房四宝	笔、墨、纸、砚	10 月 25 日
11	传统民族音乐	吹、拉、弹、唱	10 月 26 日
12	十二生肖	鼠、牛、虎、兔、龙、蛇、马、羊、猴、鸡、狗、猪	10 月 27 日

◎"知礼汤汤，万古流芳"古礼体验活动

泱泱华夏，礼仪之邦，千年文化，传承至今。礼仪文化自古以来就是中国优秀传统文化的重要组成部分，书院更是古代礼仪的重要传承地。基于此，我们特在此次书院之旅中设计了"知礼汤汤，万古流芳"古礼体验活动，活动在棂星门院举行，参与活动的游客可以根据喜好体验不同朝代不同形制的汉服，并由专业的礼仪老师带领学习和体验华夏古礼文化。

活动时间：2024 年 9 月 30 日—10 月 27 日每周五到周日 9:00—17:00，活动期间每天举行 4 轮体验活动，每轮 2 小时。

◎"诗情画意游白鹿"国风书法绘画体验活动

活动时间：2024 年 9 月 30 日—10 月 27 日每周五到周日9:00—17:00

活动地点：棂星门院

1. "寄情山水"诗词飞花令

"寄情山水"诗词飞花令活动邀请到访游客参与"飞花令"，五人一组，随机挑选"山""水""花""月"等与山水风光有关的字开展诗词接龙飞花令活动，五人均说完一句诗词为一轮，限时30秒，坚持轮数多者胜出，每位胜出的游客都可以获得由白鹿洞书院官方出品的文创产品一组。

2. "秋风画扇"扇子制作

扇子作为我国传统文化的延续，已有三四千年历史，它以字画等形式集中体现了中华文化的方方面面。一把扇子，见证了文人墨客之风骚、英雄豪杰之风采、代代历史之兴衰。"秋风画扇"扇子制作活动点位设置在棂星门院内，届时将邀请专业的手作艺人，为游客演示各类扇子的制作方式，引导游客体验扇面、扇骨、扇穗等物品的制作过程，让游客自由DIY折扇，深入了解中国古代折扇文化，体会手工制作的乐趣。

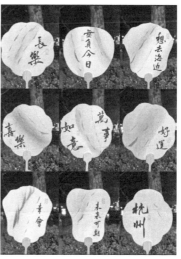

"秋风画扇"扇子制作活动体验示意图

3. "水墨丹青"书法绘画体验

"水墨丹青"书法绘画体验活动点位设置在静谧的书院内部。活动期间，将邀请专业的书法家和画家演示写毛笔字和画山水画的技巧和方法，并为游客提供现场指导。活动还提供了丰富的纸笔颜料选择，让游客可以在宁静和优美的环境中，充分体验书法和绘画的乐趣。为了记录这个独特的体验，工作人员会为每位游客创作的字画拍照留念。此外，活动还将邀请专家对游客作品进行评选，优秀作品将在书院公众号展出。每位获奖游客都可以获得一组由白鹿洞书院官方出品的文创产品，以作纪念与鼓励。

书法体验活动示意图

◎"逸致闲情"趣味国风活动体验

1. 闻乐弈棋

在这个活动中，游客将有机会感受到古代文人雅士的休闲娱乐方式，游客不仅可以欣赏到经典的国风音乐演奏，尽情享受音乐的美妙,还可以学习并体验中国传统的棋类游戏,如围棋、象棋等。专业棋手将现场指导和展示棋艺,参与者可以与其对弈,感受智慧的碰撞和思维的激荡。乐器的声音将回响在白鹿洞书院内,让人仿佛置身于宁静的古代书院之中。通过闻乐和弈棋的结合,参与者可以在轻松愉快的氛围中感受到古代文人们的闲适精神和独特的生活方式。

"闻乐弈棋"活动体验示意图

2. 焚香品茗

在这个活动中,游客将沉浸于传统茶道的艺术之中,感受茶香的韵味和品茗的雅趣。游客将学习到如何熏香、点香,并了解不同香型的特点。专业的熏香师将现场示范,教授参与者有关熏香的知识和技巧。同时,游客也将品尝到来自江西各地的优质茶叶,了解茶的种类、冲泡方法和品味技巧。茶艺师将为参与者展示泡茶的过程,并分享茶文化的精髓。通过焚香和品茗的结合,参与者将在舒适的茶香氛围中感受茶道的独特魅力,享受宁静和放松。

"焚香品茗"活动体验示意图

附录二　庐山科考研学转型路径案例示范

——书院文化之夜表演

地点：庐山延宾馆

时间：2024 年 9 月 30 日—10 月 27 日每周四19:00—20:30

活动内容：在书院学术论坛举行的当天，我们将为到访的游客和嘉宾安排夜间活动，举办古代音乐演奏、茶道表演等活动，安排精彩的文艺演出，包括传统音乐演奏、舞蹈表演、戏曲欣赏等，为游客打造一个浸润在书院文化中的夜晚，增加文旅消费的娱乐与观赏性。

民乐演奏	邀请古乐团队进行传统乐器演奏，展示传统民族音乐的韵律和优美
江西传统戏曲表演	精选赣剧、东河戏、宜黄戏、吁河戏、西河戏、宁河戏、抚河戏、吉安戏、江西采茶戏、万载花灯戏等传统戏曲剧目，由专业演员表演，让观众感受江西戏曲文化的魅力

【配套活动】

◎"弘扬书院精神·创新文化传承"主题专家论坛

1. 举办时间

活动期间第一周周一及每周四9:00—11:00。

2. 活动内容

本主题专家论坛旨在探讨并弘扬书院精神，促进文化传承和创新。论坛将聚集来自全国各地高校、教育机构和相关领域的专家学者，共同讨论教育、学科建设、学术创新等相关话题。

（1）论坛主题："弘扬书院精神·创新文化传承"。

（2）探讨内容：教育、学科建设、学术创新等相关内容。

（3）分论坛主题：博学之、审问之、慎思之、明辨之、笃行之。

（4）联合单位：全国高校、教育机构、会议承办单位。

◎ 书院文化公益讲座

每周举办两场关于文学、历史、文化等领域的学术讲座和国际讲座。邀请知名学者、作家、艺术家等作为嘉宾，就不同主题进行深入探讨和分享。这些讲座旨在普及知识、弘扬文化，为观众提供优质的文化体验和学术交流的机会。

◎ 创意文创、纪念品售卖

设立创意文创、纪念品售卖区，提供多样化的文创产品和纪念品，如文创商品、明信片等。这些产品将以白鹿洞书院为主题，融合传统与现代元素，展现独特的文化魅力。参与者可以购买纪念品，以留住对白鹿洞书院的美好回忆。

◎ 长期规划：配套研学项目

为学生和教师提供长期规划的配套研学项目。这些项目将在团队带领下，组织参观白鹿洞书院及其周边景点，开展学术交流和实践活动。通过互动体验和学习，参与者将更深入地了解书院文化和传统价值观，从而促进个人的学术成长和文化认知。同时，配套研学项目还可以加强与学校、教育机构之间的合作与交流。

附录三　庐山娱乐休闲转型路径案例示范
——剧本杀

【设计思路】

　　民国时期，庐山成为国民政府的"夏都"，诸多重要政治活动在此举行。1937年夏，周恩来曾经两上庐山与蒋介石见面，成功促成第二次国共合作，一致对外共同抗日。卢沟桥事变后，蒋介石于庐山发表了著名的有关抗日战争的"最后关头"演说和严正声明，指出"再没有妥协的机会，如果放弃尺寸土地与主权，便是中华民族的千古罪人""如果战端一开，那就是地无分南北，人无分老幼，无论何人，皆有守土抗战之责任，皆应抱定牺牲一切之决心"。此外，近现代在庐山发生的"庐山军官训练团"和三次"庐山会议"等著名历史事件，也为庐山增添了几分神秘色彩。

　　剧本杀项目以抗日战争时期庐山发生的历史事件为背景，依托牯岭街别墅群、街区老字号商铺等特色文旅资源，设计了为期"两天一夜"的全景沉浸式的民国剧本杀项目——《零号公馆》。该项目将全沉浸式理论、心流体验理论等研究成果应用于实践，通过设置故事背景、打造活动环境、分配身份角色、布置探索任务等，构建全沉浸式角色体验活动，让参与者以第一人称视角参与活动，引导参与者实现物理与心理的全沉浸体验，探索肃穆庄

严的公馆背后隐藏的故事。此活动旨在打造庐山别墅群主题剧本
杀及配套IP，让公众全方位了解庐山牯岭别墅群背后的历史故事
与人文精神；以故事设定、任务设计、体验活动设计为核心，配
合剧本杀故事设计IP角色、线上线下道具、周期性快闪活动。同
时，规划庐山牯岭街区别墅群人文历史常展和打造《X−公馆》系
列剧本杀两个长期项目，创新牯岭街区的文旅消费活动，实现景
区的长期可持续规划发展。

【具体内容】

◎ 项目规划区域

庐山牯岭镇牯岭街别墅群及其周边区域。

项目	规划地点
剧本杀 主区域	在牯岭别墅群选取适当的别墅公馆规划设计为全景 沉浸式体验主区域
用餐	别墅群餐饮区
住宿	别墅群住宿区
参观区域	庐山博物馆（芦林一号/毛泽东同志旧居） 美庐别墅 庐山会议旧址 庐山大厦 庐山抗战博物馆

◎ 活动开放时间

活动期间全天候开放，游客需提前7日预约。

◎ 剧本设计

1. 剧情简介

抗日战争时期，1938 年 7 月，日本占领九江又围攻庐山，庐山周围的湖口、星子、德安等各县城及重要据点也先后被日军占领，庐山成了抗日战场中的一座孤岛，中国守军第三团和第十团开启了长达 267 天的庐山保卫战。

1938 年 10 月 27 日夜里，军团筹措物资动员会当夜，掌握筹措军械、医药等物资渠道的商会会长徐志超身亡，尸体于第二日上午在书房内被发现，物资筹措名单不翼而飞，国民党军队第一时间对徐氏公馆（零号公馆）进行封锁，并派出优秀特工林江前往公馆调查该案，随着案件调查的进行与各方势力的角逐，人与人之间的爱恨情仇渐渐清晰，隐藏多年的惊人秘密也浮出水面，他们究竟能否找到事情的真相，物资筹措名单最后的归属又在何处……

欢迎来到——《零号公馆》。

2. 故事阵营

侦探、国民党、日军特务、中共地下党员、徐世家族成员。

3. 玩家任务

找出杀害徐会长的凶手，找到遗失的物资筹措名单，在故事发展的过程中解锁各个人物的隐藏故事线，解锁《零号公馆》背后的故事脉络。

4. 人物角色卡

角色名	角色简介
徐志雄	45 岁，死者徐会长之弟，徐氏商行的二把手
徐青钰	29 岁，死者徐会长之子，在军中任职
徐雨濛	25 岁，死者徐会长之女，在留洋求学时曾有过一段特别的经历
徐丰	26 岁，徐志雄之子，徐氏商行少当家
张燕笙	24 岁，徐雨濛之友，与徐雨濛在留学时相识，因缘际会与其结为好友，因日军围攻暂居徐家
付国安	30 岁，徐丰之友，出身贫寒，经徐丰介绍为徐家做事，主要负责徐家的安保工作
林江	31 岁，国民党军队派到徐家调查该案的优秀特工（侦探）
付汀兰	35 岁，死者徐会长的夫人，徐青钰、徐雨濛的继母，与付国安似乎有着不同寻常的关系

5. 两天一夜行程安排

时间		事项	时间		事项
第一天	13:00—14:00	玩家入住住宿区；安放行李	第二天	7:00—8:00	早餐；剧情回顾
	14:00—17:00	玩家完成妆造；熟悉个人角色剧本		8:00—11:00	二轮搜证；玩家个人任务进行
	17:00—19:00	晚餐；一轮剧情		11:00—12:30	终轮投票；结算玩家任务完成情况及积分；所有谜底揭晓
	19:00—22:00	一轮搜证；玩家个人任务进行		12:30—14:00	午餐；剧情复盘
	22:00—23:00	公布一轮线索；一轮任务投票		14:00—17:00	别墅群参观
	23:00—次日7:00	休息；玩家分阶段完成夜晚隐藏任务			拍照留念（精美写真）

◎ 活动亮点

1. RPG（角色扮演游戏）玩法

参与者扮演历史角色：活动前，每位参与者会被分配一个历史角色身份，如庐山会议的代表、政府官员、特工等，参与者需扮演该角色，体验真实的历史背景和情节。

自由互动和剧情推进：活动中，参与者可以自由互动，发掘剧情线索和解谜，通过角色的决策和行动来推动故事情节的发展，解决各类问题。

2. 阵营对抗

参与者分成不同的阵营：根据剧情设定，参与者被分成不同的阵营，如国民党军队和八路军，或者是不同的政治派系、密谋组织等。每个阵营都有自己的目标和任务。

竞争和合作：阵营之间可以进行合作，也可以进行竞争，通过争夺资源、信息和人物关系等，影响整个故事的走向和结局。

3. 任务积分制

设计多样的任务：每个角色都会有一系列的任务和目标，如搜集情报、解开谜题、保护关键人物等。任务可以根据故事情节和剧情需要进行设计，以增加游戏的乐趣和挑战。

积分和排名：根据任务的完成情况和表现，给予参与者相应的积分，最后根据积分和成绩进行排名和奖励，以此提升游戏的竞争性、激发参与者的积极性。

4. 技术融入打造视觉盛宴

裸眼3D：利用裸眼3D技术，在活动现场设立特别的展示区域，展现民国时期庐山的历史场景和文化氛围，让参与者有身临其境之感。

移步换景：通过布置多个场景点，参与者可以在不同的场景中切换，体验不同的历史背景和故事线索。

空间成像：利用投影、灯光等技术手段，在活动场地内创造出逼真的场景图像，使参与者更加沉浸在历史故事中。

全息影像：通过使用全息影像技术，将历史人物和场景还原出来，在现场营造出炫酷的视觉冲击和动感效果，增强参与者的参与感和体验感。

通过以上亮点内容的设计，全景沉浸式悬疑剧本杀《零号公馆》可以让参与者沉浸于民国时期庐山的历史背景和故事中。通过角色扮演、阵营对抗、任务积分制和技术融入等元素，带来更真实、更具挑战性的体验，让参与者亲身感受庐山历史事件的神秘和魅力；同时，利用技术手段打造视觉盛宴，带给参与者视觉上的冲击和震撼，加深参与者对历史场景和人物的印象，提升活动的吸引力和娱乐性。

【配套活动】

◎ 打造IP《零号公馆》，设计IP角色和线下实体道具

根据《零号公馆》的故事设定，设计独特的IP角色形象和故事背景，并制作专属于该活动的线下实体道具，如特工徽章、情报文件等，以增强参与者的沉浸感，提升活动热度。

在各个文旅热门城市举办巡回式"快闪"活动，将IP推广至各大城市。运用创意概念和活动设计，在商业区、文化场所等地举办快闪活动，展示IP角色和实体道具，吸引人群的注意力，并引导他们参与进来。通过持续的巡回推广，让更多的人了解活动，并尝试参与其中。

◎ 设计线上版本《零号公馆》剧本杀

开发线上剧本杀App。将《零号公馆》的剧本杀活动移植到线上剧本杀App上，利用手机、平板等设备实现在线参与。参与者可以通过App进行任务接收、线索收集、角色互动等活动，以解决谜题和推进剧情。通过线上投放扩大活动的宣传受众面，吸引更多人参与其中。

◎ 推出《X—公馆》系列剧本杀

利用庐山历史及别墅群背后的故事（参考《庐山老别墅的故事》）打造系列剧本杀，每个剧本杀都将围绕特定的故事情节展开，探索庐山的历史背景和文化内涵。

打造牯岭别墅群的地域名片。长期规划庐山牯岭街区别墅群人文历史常展，通过剧本杀活动将庐山牯岭街区别墅群打造成为地域的文旅名片，吸引更多的文化爱好者和游客来到此地，感受庐山的魅力和历史文化。

附录四 庐山康养度假转型路径案例示范

——围"庐"品茶

【设计思路】

2022 年 11 月，"中国茶"被列入人类非物质文化遗产代表作名录。在国内，以围炉煮茶为代表的新中式生活方式，通过传统文化与现代生活的碰撞，让传统"茶文化"变身"潮文化"。江西素有"物华天宝，人杰地灵"的美誉，产茶历史悠久，名茶众多，茶叶贸易活跃。早在东汉之际，就有僧人采茶。《庐山志》载：在晋代，庐山上的"寺观庙宇僧人相继种茶"，庐山东林寺名僧慧远以自种之茶招待陶渊明，吟诗饮茶，叙事谈经，终日不倦。庐山与茶文化的再次连接，体现出传统文化与生活氛围感、仪式感的结合。这既能满足游客的拍照打卡需求，也能为游客提供宁静惬意的休憩时光。

【具体内容】

规划区域：庐山如琴湖周边设置固定摊位

时间：10 月 16 日—10 月 22 日

产品类型：

围"庐"品茶活动产品分为围炉煮茶和围炉冰茶两种，两种产品所运用的原材料、茶品及其口感都各不相同，游客可根据自身需求自由选择。

	围炉煮茶	围炉冰茶
形式	在桌上架一只炭炉，上面架铁丝网，铁丝网上放煮茶壶，周围还能烤地瓜、板栗、红枣等多种食物	采用冷泡茶的工艺，提前 6 小时进行制作，同时将在容器中铺上冰块，再加入适量干冰，倒入水后，就能呈现出雾气弥漫的状态，除冰茶外还将配备水果、糕点等食品
茶品	普洱熟茶、雅安藏茶、茯砖、六堡茶、老铁观音、陈年岩茶等	白茶、红茶、乌龙茶等
效果图		

后　记

　　《从观光到度假：世界级旅游目的地庐山的转型升级》一书，是庐山旅游发展关键转型期的系统性研究成果。本书的研究缘起于世界级旅游目的地建设的宏观背景，以及对庐山这一世界级名山发展现状的深刻洞察与现实关切。

　　庐山以"雄、奇、险、秀"的自然风貌和深厚的文化底蕴，曾是中国山岳观光旅游的标杆。但在休闲度假需求成为主流的当下，庐山长期依赖的传统观光模式逐渐与市场趋势脱节，"安逸、封闭、守旧"的思维定式，严重制约其发展活力与市场竞争力。基于此，课题组聚焦庐山从观光主导向度假休闲目的地转型升级这一核心命题展开研究。

　　2023年5月至9月，课题组多次深入庐山景区，对管理部门、经营企业、在地社区及游客开展广泛访谈与调研，积累了大量一手资料。同时，系统梳理国内外同类旅游目的地转型升级的经验教训，结合相关理论，多维度剖析山岳型景区共性问题与庐山个性问题，构建了具有可操作性的转型升级框架。鉴于转型工作的复杂性，书中观点虽力求严谨务实，但作为探索性研究，仍存在一定局限性，期待后续研究与实践的进一步检验与完善。

　　本书的完成离不开多方支持。在此，衷心感谢九江市政府、庐山市政府、庐山风景名胜区管理局在调研协调、数据共享和政策咨询等方面给予的帮助；感谢研究团队罗明志、乔楠、傅凌波、吕烨馨、霍婷婷、李慧茹、谢诗慧等成员在调研中的辛勤付出，特别感谢赵振中在本书撰写过程中的重要贡献；同时，也感谢四川大学出版社编辑团队的专业工作。

期望本书研究成果，能为庐山及相关决策部门推进山岳型景区转型升级提供理论与实践参考，为学界研究世界级旅游目的地建设贡献案例素材。期待庐山在新时代实现华丽转身，成功建成世界级度假休闲旅游目的地。

著　者

2025 年 5 月